サラダ好きのシェフが考えた
サラダ好きのための
131のサラダ

音羽和紀

柴田書店

はじめに

ここ最近、野菜がずいぶん身近になってきているように感じます。直売所なども増え、地場の旬の野菜が以前より手に入りやすくなりましたし、家庭菜園を楽しむ方も多くなりました。私のレストランがある栃木県宇都宮市でも、市街地から少しはずれれば畑が広がり、直売所では旬の野菜が求められます。生産者の方から採れたてを分けていただくこともあります。

野菜がおいしい土地で育ったためか、野菜料理、中でもサラダは作るアイデアに事欠きません。サラダといってもレタスなど葉野菜だけでなく、野菜と肉、魚、チーズ、豆、いろいろな調味料、調理法を組み合わせ、あるときはオードヴルに、あるときはメイン料理としても楽しめます。作り方も食べ方も自由。それが私の思うサラダです。修業先のフランスや旅先のヨーロッパ各国で出会った味、子どもの頃から食べている懐かしい母の味、郷土の味、それまでの味の出会いもサラダのエッセンスになっています。

この本では特別なハーブやスパイスを用いて特徴を出すことより、身近な素材をシンプルな調理法でおいしく食べられることを意識しています。素材の組み合わせもスタンダードですがちょっとした工夫で楽しく食べられるバリエーションを考えました。

この本を参考にサラダを作るとき、読者の方ご自身のこれまでの味との出会い、素材との出会い、美しい盛り付けとの出会いなどおいしい記憶を取り入れてみてください。するとまた、新たな出会いを求めてみたくなるかもしれません。それはあたかも旅のように、思いがけない出会いや発見が待っていると思います。おいしく喜びに満ちたサラダの旅に、この本を携えていただければ幸いです。

音羽和紀

Contents

はじめに 3
おいしいサラダを作るコツ 7
基本のドレッシング、マヨネーズ 8
油＋酢のシンプルドレッシング 10

POTATO じゃがいものサラダ
ポテトの温サラダ 12
ポテトと卵のサラダ　マスタード風味 13
半熟卵とじゃがいもとしいたけの温サラダ 13
半熟卵とじゃがいもとまいたけの温サラダ
　　オリーブ風味 13
じゃがいもとザワークラウトと鶏肉の
　　酸っぱいサラダ 13
モロッコいんげんとじゃがいもの
　　ツナマヨネーズ 16
ポテトとビーツとサーモンのサラダ 16
ひらたけとしいたけとじゃがいものゆでサラダ 16
きのことじゃがいもと鶏手羽の
　　ヴィネグレットソース 16
温かいじゃがいもとアサツキと鴨のサラダ 17
じゃが揚げのピリ辛ケチャップ 20
じゃがいもと鶏肉とパイナップルのサラダ 20
じゃがいものブルーチーズ風味 20
たことじゃがいものグリーンドレッシング 21
じゃがいもとえびのグリーンマヨネーズ 21

MASHED POTATO
マッシュポテトのサラダ
アボカドとえびとマッシュポテトのサラダ 24
カリフラワーとマッシュポテトのサラダ 24
和グリーン野菜とゆでだこと
　　マッシュポテトのサラダ 25
いろいろ野菜とスモークサーモンと
　　マッシュポテトの温サラダ 25

SWEET POTATO さつまいものサラダ
蒸しさつまいものアーモンドマヨネーズ 28
さつまいものオニオンカラメリゼ 28
蒸しさつまいものクルミ風味 29
さつまいものカラメルマヨネーズ和え 29

PUMPKIN かぼちゃのサラダ
かぼちゃのマスカルポーネマヨネーズ
　　柚子風味 32
かぼちゃとカリカリベーコンのサラダ 32
重ねかぼちゃのマスカルポーネマヨネーズ 33

POTATO & PUMPKIN
いも、いも、かぼちゃのMixサラダ
じゃがいもとさつまいもとしいたけのサラダ 36
じゃがいもとさつまいもとかぼちゃの
　　マッシュサラダ 36
じゃがいもとさつまいもの
　　粒マスタードマヨネーズ 37
さつまいもとじゃがいもとかぼちゃのロール
　　レーズンマヨネーズ 37

TOMATO トマトのサラダ
トマトサラダ　生姜風味 40
トマトのローストマリネ　シラス風味 41
トマトのローストマリネ　バジル風味 41
トマトのローストマリネ　ツナ風味 41
トマトのローストマリネ　生ハム風味 41

TOMATO & OTHERS
トマトMixサラダ
トマトとズッキーニのサラダ　ルーコラの香り 44
トマトとなすとパプリカのサラダ 44
トマトローストとあさりのサラダ 45
トマトローストのサラダ　カレー風味 45
トマトときゅうりと鶏ささみのサラダ 45

EGGPLANT なすのサラダ
なすとカッテージチーズのマリネ 48
なすの揚げサラダ　サルサソース 49
揚げなすとパプリカの味噌風味 49
なすとしいたけの揚げサラダ　味噌風味 49
揚げなすと鯖のサラダ 49

なすの揚げサラダ　梅風味　52
揚げなすのアンチョビソースがけ　52

GREEN BEANS & MUSHROOM
いんげん＋マッシュルームのサラダ
いんげん、モロッコいんげん、マッシュルーム、
　　トマトのサラダ　53
いんげんとマッシュルームのサラダ　53
いんげんとフレッシュマッシュルームの
　　レバードレッシング　53

BELL PEPPERS
パプリカ、ピーマンのサラダ
パプリカの揚げサラダ　56
パプリカのサラダ　アンチョビ風味　56
パプリカのサラダ　ツナ風味　57
パプリカといかのサラダ　生姜風味　57
パプリカのサラダ　サワークリームソース　57
緑ピーマンの揚げサラダ　57

CAULIFLOWER　カリフラワーのサラダ
カリフラワーのグリル　レバードレッシング　60
カリフラワーの揚げサラダ　61
いかのグリルとカリフラワーのサラダ　61
カリフラワーの揚げサラダ　軽い生姜風味　61

BROCCOLI & OTHERS
ブロッコリーのMixサラダ
ブロッコリーとカリフラワーと半熟卵のサラダ　64
ブロッコリーといかのサラダ　64
ブロッコリーと鯛ポワレのサラダ　64

ASPARAGUS & OTHERS
アスパラMixサラダ
グリーンアスパラガスと半熟卵の
　　マヨネーズクリーム和え　65
にんじんとじゃがいもとグリーンアスパラガスの
　　カレーマヨネーズサラダ　65
グリーンアスパラガスと新玉ねぎの
　　オレンジマヨネーズ　65

CUCUMBER & OTHERS
きゅうりMixサラダ
ひめきゅうりと黒オリーブのサラダ　68
とろとろ卵ときゅうりとトマトと
　　じゃがいものサラダ　69
セロリときゅうりのブルーチーズソース　69
いか、きゅうり、うどのレモンドレッシング　69
夏野菜のサラダ　バルサミコドレッシング　69

CABBAGE　キャベツのサラダ
キャベツとセロリといかのサラダ　72
キャベツとセロリと鶏胸肉のサラダ　72
キャベツと粗挽きソーセージのサラダ　72
赤キャベツとリンゴとクレソンのサラダ　73
赤キャベツの甘酢サラダ　73
ゆでキャベツと帆立の燻製のサラダ　73

LETTUCE　レタス、サラダ菜のサラダ
レタスとカリカリベーコンのサラダ　76
レタスとスモークサーモンの
　　オリーブクリームソース　77
レタスと生うどとやしお鱒の軽い燻製のサラダ　77
いちごとレタスのサラダ
　　バルサミコドレッシング　77
揚げレタスとうどのポン酢ドレッシング　80
サラダ菜のレモンクリームドレッシング　80
グリーンミックスサラダ　ブルーチーズ風味　80
サラダ菜のレモンドレッシング
　　ブルーチーズ風味　80

CHICORY　アンディーブのサラダ
アンディーブとトマトと鯛のサラダ　81
アンディーブとスモークサーモンのサラダ　81
アンディーブとシュリンプの
　　オリーブクリームソース　81

GREEN LEAVES　青菜のサラダ
和グリーン野菜の温サラダ　84
にらと鶏唐揚のサラダ　84
菜の花のピーナッツマスタードマヨネーズ　84

NAPA CABBAGE 白菜のサラダ
白菜と豚薄切り肉のポン酢サラダ　85
白菜と秋刀魚のサラダ　生ハムの香り　85

DAIKON RADISH & TURNIP
大根、かぶのサラダ
サーモンマリネと大根のサラダ　88
大根としめじとまいたけのサラダ　88
ゆで大根と豚肉の辛みサラダ　88
大根とわかめと白いきのこのサラダ　89
白い野菜〜れんこん、大根、じゃがいも〜と
　　いかの揚げサラダ　89
かぶとじゃがいもと卵の
　　ブルーチーズドレッシング　89
かぶとえびのゆでサラダ　89

ONION 長ねぎ、玉ねぎのサラダ
焼きねぎとチョリソーのサラダ　92
長ねぎのゆでサラダ　92
温かい新玉ねぎとモッツァレラチーズのサラダ　93
赤ねぎのフレンチ味噌ドレッシング　93
ムール貝とアサツキのカレー風味　93
ムール貝とアサツキのヴィネグレットソース　93

TARO 里いものサラダ
しいたけと里いものサラダ　96
小いものオニオンカラメリゼ　96
里いもとにんじんとれんこんと
　　ローストチキンのサラダ　96

UDO WILD GREENS うどのサラダ
うどとしいたけのグリル　レバードレッシング　97
うどと白身魚のマリネ　97
うどとしめじのサラダ　97

CARROT & BURDOCK
にんじん、ごぼうのサラダ
にんじんと鴨の燻製のサラダ　100
ごぼうと鶏胸肉の味噌マヨネーズ和え　100
ごぼう、にんじん、鶏肉の中華風サラダ　100

FRUITS フルーツのサラダ
イチジクと生ハムのマリネ　101
リンゴのサラダ　セロリヨーグルト　101

BEANS フレッシュ豆サラダ
とうもろこしと枝豆とじゃがいもの
　　レモンマヨネーズ　104
とうもろこしと枝豆とじゃがいものサラダ
　　豆板醤風味　104
緑野菜とゆで卵のサラダ　105

MIXED BEANS 豆豆サラダ
ミックスビーンズとセロリと赤玉ねぎのサラダ　108
ミックスビーンズといろいろきのこのサラダ　109
ミックスビーンズと粗挽きソーセージのサラダ　109
レンズ豆と黒豆とじゃがいもサラダ　109
ひよこ豆とツナのヴィネグレットソース　109

FISH & SEAWEED
＋青魚＋海藻のおつまみサラダ
ルーコラと鰯のグリル　112
鰯のマリネとじゃがいもと
　　ザワークラウトのサラダ　112
にしんのマリネとじゃがいもと
　　カリフラワーのサラダ　112
鯵とじゃがいもとなすのサラダ　113
鯵とピーマンとなすのサラダ　113
海藻ときのこのサラダ
　　ポン酢生姜ドレッシング　113

・本書中の「E.V.オリーブ油」は、エクストラ・
ヴァージン・オリーブ油のことです。
「オリーブ油」とだけ記されている場合はピュ
アオリーブ油を使用しています。

撮影　海老原俊之
デザイン　中村善郎　yen
編集　長澤麻美
協賛　伊達物産株式会社
　　　栃木乳業株式会社
協力　村川愛子

おいしいサラダを作るコツ

サラダを作るうえで、特別なルールはありません。食材の組み合わせも、作りたいサラダによって、それこそ無限にあります。どんなサラダにしたいかをはっきりさせることで、主役が決まり、素材の切り方、火の入れ方、合わせ方などがイメージしやすくなると思います。

たとえば火の入れ方にしても、蒸す、ゆでる、焼く。水からゆでる、沸騰した湯でゆでる。フライパンで焼きつける、オーブンでさっと焼くなどさまざまで、それぞれ仕上がりが異なります。ゆでた野菜も氷水でパッと急冷させ食感を出したいのか、自然に冷ますのか。

食べる温度も冷、温、常温。タイミングも、できたてを食べるのとある程度馴染ませてから食べるのとではまったく異なります。

塩の使い方もどう食べたいかで違ってきます。大根やきゅうりのように事前に少し塩をふることで持ち味が引き出されるものもあれば、葉物野菜のように食べる直前にドレッシングをかけるだけでいいものなど。

卵はサラダによく使われる素材ですが、しっかり固くゆでて刻むのか、半熟か、とろとろの温泉卵を崩しながら食べるのかでも味や食感が変わります。

「香り」の付け方も、全体に混ぜて馴染ませたいのか、上にかけてふわっと香りを引き立たせたいのか。アクセントになるものも、和洋のハーブ、スパイス、エシャロット、柑橘類、ナッツ、オリーブ、チーズ、マスタード、ワインヴィネガーやフルーツヴィネガーなどさまざまな酢、ゴマ、クルミなどのナッツ類のオイル、オリーブ油など、これもまた膨大です。

おいしいサラダの作り方を聞かれたとき、「お好きな組み合わせでどうぞご自由に！」と答えています。何度も作ってみてください、味わってみてください、とも。季節、調理手順、調味料、そして食べる場面や好み、それまでに出会った味の組み合わせなど、「おいしい」といってもひとくくりにはしづらいからです。

フランスの調理師学校では、料理を作る過程で生徒にしきりに「味見をしなさい」と指導します。素材をどんなふうに扱ったらどんな味になるか、その経験値の積み重ねがとても大切だからです。素材をよく見て適切な調理をすることがサラダのみならずおいしい料理を作る基本だからです。

ただ、それは料理人だからやっていることではありません。家庭のお母さんたちが、昔は普通に毎日行っていたことです。どんな料理を食べたいか、食べさせたいか。毎日の料理の繰り返しから、その人なりのおいしさやコツが生まれてくるのではないでしょうか。

基本のドレッシング、マヨネーズ

本書のサラダに使用した、基本的なドレッシングやマヨネーズの作り方です。
これらを素にして、さまざまなオリジナルソースを作ることもできますので、工夫してみてください。
ここでご紹介するのはほんの一例です。

基本のヴィネグレットソース

サラダ油、赤ワインヴィネガー、ディジョンマスタードのもっともスタンダードな組み合わせです。

材料（目安）
サラダ油　90g
赤ワインヴィネガー　25〜30g
ディジョンマスタード　10g
塩　少量（2〜3g）
コショウ　少量
＊エシャロットやニンニクのみじん切りを加えてもよい。

ボウルにディジョンマスタード、（エシャロット、ニンニク、）赤ワインヴィネガー、塩、コショウを入れて泡立て器で軽く混ぜる。ボウルの端からサラダ油を少しずつ加えながら全体をよく混ぜ合わせる。

基本のフレンチドレッシング

昔から、一般的にフレンチドレッシングとして親しまれているレシピです。

材料
サラダ油　200g
酢　50g
マスタード粉　小さじ山盛り1
玉ネギ（すりおろし）　30g
ニンニク（すりおろし）　少量
塩　小さじ1（好みで）
コショウ　少量
＊油や酢、マスタードは好みのものを使うとよい。使うものによって味は変わる。場合によっては分量も調整するとよい。
＊季節によって玉ネギの味は変わるため、ドレッシングの味も変わる。

ボウルに玉ネギ、ニンニク、マスタード粉、酢、塩、コショウを入れて、泡立て器で混ぜ合わせる。ボウルの端からサラダ油を少しずつ加えながら、全体をよく混ぜ合わせる。

基本のフレンチドレッシングにプラス

梅ドレッシング

フレンチドレッシング 60g
＋ 梅肉 5g

マスタードドレッシング

フレンチドレッシング 50g
＋ マヨネーズ 10g
＋ 粒マスタード 5g

グリーンドレッシング

フレンチドレッシング 50g
＋ ホウレン草のピュレ 15g

基本のマヨネーズ

マヨネーズは市販品も使えますが、手作りのおいしさは格別です。

材料
サラダ油　240ml
ワインヴィネガー　10g
ディジョンマスタード　10g
卵黄　2個
塩、コショウ　各少量

ボウルに卵黄、ディジョンマスタード、ワインヴィネガー、塩、コショウを入れて泡立て器で混ぜ合わせる。ボウルの端から少しずつサラダ油を加えながら、全体をしっかりと固くなるまで混ぜ合わせる。

基本のマヨネーズにプラス

カレーマヨネーズ

マヨネーズ50g
＋ フレンチドレッシング（p.8参照）10g
＋ カレー粉少量
＋ ハチミツ 5g
＋ 塩少量

ブルーチーズソース

マヨネーズ40g
＋ ブルーチーズ10g
＋ フレンチドレッシング（p.8参照）10g
＋ 生ハム（コッパ。みじん切り）1/2枚分
＋ レモンの皮（すりおろし）10g
＋ 塩、コショウ各少量

レーズンマヨネーズ

マヨネーズ50g
＋ 生クリーム10g
＋ 玉ネギ（みじん切り）少量
＋ レーズン10粒
＋ 白ワイン少量

レーズンは白ワインに浸す。
すべての材料を混ぜ合わせる。

グリーンマヨネーズ

マヨネーズ50g
＋ 生クリーム10g
＋ ホウレン草のピュレ10g

オレンジマヨネーズ

マヨネーズ40g
＋ オレンジ果汁15g
＊オレンジ風味をより強く出したい場合は、オレンジ果汁は1/3ほどに煮詰めたものを使用してもよい。

油+酢のシンプルドレッシング

油+酢(レモン果汁)を軽く合わせて作る、シンプルなドレッシングのバリエーションです。
油と酢の比率は、かける量やものにより変わります。

バルサミコドレッシング

バルサミコ酢30g
+ E.V.オリーブ油30g
+ 塩、黒コショウ各少量

赤ワインヴィネガードレッシング

赤ワインヴィネガー 25g
+ E.V.オリーブ油35g
+ 塩、コショウ

グリーンヴィネガードレッシング(参考)

ホウレン草のピュレ20g
+ 赤ワインヴィネガードレッシング30g
+ 塩、コショウ

レモンドレッシング

レモン果汁30g
+ E.V.オリーブ油30g
+ 塩、コショウ各少量

白ワインヴィネガードレッシング(参考)

白ワインヴィネガー 25g
+ E.V.オリーブ油35g
+ 塩、コショウ

POTATO | じゃがいものサラダ

サラダといったらやっぱりじゃがいも。みんなが大好きなポテトサラダですが、ここではいつもと違う、アイデアポテトサラダを多数ご紹介します。じゃがいも＋マヨネーズを越えた、驚きのバリエーションです。

ポテトの温サラダ

ポテトと卵のサラダ マスタード風味

半熟卵とじゃがいもとまいたけの温サラダ
オリーブ風味

半熟卵とじゃがいもとしいたけの温サラダ

じゃがいもとザワークラウトと鶏肉の
酸っぱいサラダ

ポテトの温サラダ

マヨネーズ＋生クリーム＋パルミジャーノで
和えた、シンプルなポテトサラダ。
最後に黒コショウで引き締めます。

材料（2人分）
ジャガイモ（きたあかり。ゆでて皮をむいたもの）
　　200g
マヨネーズ　30g
生クリーム（七分立て）　30g
コッパ*（みじん切り。なければ生ハムでも可）　6g
パルミジャーノ・レッジャーノ・チーズ（すりおろし）
　　10g
塩、黒コショウ　各少量
＊コッパ：豚の肩から首にかけての部分（コッパ）で作るイタリアのハム。

1　ジャガイモは、皮つきのまま水から入れてゆで、皮をむき、サイコロ状に切る。
2　1をボウルに入れ、温かいうちに七分立ての生クリームとマヨネーズを入れて混ぜ合わせ、コッパとパルミジャーノ・レッジャーノ・チーズを加えて混ぜ、塩で味を調える。
3　器に盛り付け、黒コショウを少量ふる。

ポテトと卵のサラダ　マスタード風味

マスタードをきかせたパンチのある味わい。

材料（1、2人分）
ジャガイモ（メークイン。ゆでて皮をむいたもの）
　　100g
半熟卵　1/2個
シイタケ　12g
オリーブ油　少量
A
├フレンチドレッシング
│　（p.8「基本のフレンチドレッシング」参照）　20g
├マヨネーズ　20g
└粒マスタード　12g
塩、コショウ　各適量

1　ジャガイモは、皮つきのまま水から入れてゆで、皮をむき、温かいうちに粗くつぶす。
2　フライパンにオリーブ油を敷き、シイタケを焼いて塩をする。粗めのみじん切りにする。
3　Aを混ぜ合わせ、1、2、つぶした半熟卵を加えて合わせ、塩、コショウをする。

半熟卵とじゃがいもとしいたけの温サラダ

とろとろの卵黄が、ソースの役目も果たします。

材料（1人分）
ジャガイモ（メークイン）　60g
シイタケ　大1個（約40g）
卵（半熟卵にする）　1個
サラダ油　適量
塩、コショウ　各適量
A
├ フレンチドレッシング
│　（p.8「基本のフレンチドレッシング」参照）　30g
├ 生ハム（みじん切り）　少量
├ シイタケの軸　少量
└ 玉ネギ（みじん切りにしてサラダ油で炒める）　少量
イタリアンパセリ（みじん切り）　少量

1　ジャガイモは蒸して皮をむき、粗めにつぶす。
2　フライパンにサラダ油を敷き、傘と軸を切り分けたシイタケを入れて焼き、塩、コショウをする（軸も使うので焼いておく）。
3　2のシイタケの軸を小角に切り、その他のAの材料と混ぜ合わせて塩、コショウをする。
4　器に1、一口大に切った2のシイタケの傘を盛り付けて、殻をむいた半熟卵をのせ、3をかける。イタリアンパセリを散らす。

半熟卵とじゃがいもとまいたけの温サラダ　オリーブ風味

ソースは、刻んだオリーブとチェダーチーズ入り。まいたけが香ばしいアクセント。

材料（1人分）
ジャガイモ（メークイン）　60g
マイタケ　30g
卵（半熟卵にする）　1個
サラダ油　適量
塩、コショウ　各適量
A（作りやすい量）
├ スタッフドオリーブ（細かく刻む）　3個分
├ チェダーチーズ（細かく刻む）　10g
├ マヨネーズ　30（〜40）g
├ 生クリーム　10g
└ 塩、コショウ　各適量

1　ジャガイモは皮をむき、大きめの角切りにして水から入れてゆでる。
2　フライパンにサラダ油を熱し、マイタケを入れて炒め、塩、コショウをする。
3　Aの材料を混ぜ合わせる。
4　器に1、2を盛り付けて、殻をむいた半熟卵をのせ、3を2/3量ほどかける。

じゃがいもとザワークラウトと鶏肉の酸っぱいサラダ

ザワークラウトの酸味を味つけに。

材料（1、2人分）
ジャガイモ　80g
ザワークラウト（市販）　40g
鶏モモ肉　40g
フレンチドレッシング
　（p.8「基本のフレンチドレッシング」参照）　適量
フレンチマスタード　適量（多め）
パセリ（みじん切り）　少量

1　ジャガイモは、皮つきのまま水から入れてゆでる。やわらかく火が通ったら皮をむき、フォークで粗くつぶす。
2　鶏モモ肉は火が通るまでゆでて、1.5cm角程度に切る。
3　フレンチドレッシングとマスタードを混ぜ合わせる。
4　1、2、ザワークラウトと3を合わせて器に盛り、パセリをふる。

ひらたけとしいたけとじゃがいもの
ゆでサラダ

モロッコいんげんとじゃがいものツナマヨネーズ

ポテトとビーツとサーモンのサラダ

きのことじゃがいもと鶏手羽の
ヴィネグレットソース

温かいじゃがいもとアサツキと鴨のサラダ

モロッコいんげんとじゃがいもの
ツナマヨネーズ

黒オリーブがおいしいアクセント。

材料（1、2人分）
ジャガイモ　150g
モロッコインゲン　1〜2本（約30g）
黒オリーブ　2〜3個
ツナマヨネーズ
├マヨネーズ　40g
├生クリーム　10g
├ツナ（油漬け缶詰）　30g
└塩、コショウ　各適量

1　ジャガイモは、皮つきのまま蒸してから皮をむき、フォークなどでつぶす。
2　モロッコインゲンはゆでてから冷水にとる。水気を切り、1.5cm幅に切る。
3　黒オリーブは粗めに刻む。
4　ツナマヨネーズを作る。マヨネーズと生クリームを混ぜ合わせてからツナをほぐして加え、塩、コショウをする。
5　1〜4を合わせる。

ポテトとビーツとサーモンのサラダ

マヨネーズにヨーグルトとオリーブ油を合わせると、サーモンによく合うソースのでき上がり。
ディルが爽やか。

材料（2人分）
ジャガイモ　120g
ビーツ（ゆでて皮をむいたもの）　20g
スモークサーモン　20g
玉ネギ（みじん切り）　10g
A（作りやすい量）
├マヨネーズ　60g
├ヨーグルト（プレーン）　30g
└E.V.オリーブ油　10g
塩、コショウ　各適量
ディル（みじん切り）　少量

1　ジャガイモは、皮つきのまま水から入れてゆで、皮をむき、1cm厚さ程度の輪切りにする。ゆでて皮をむいたビーツは小角切りにする。スモークサーモンは小角切りにする。玉ネギはみじん切りにして塩をする。
2　Aを混ぜ合わせ塩、コショウをする。
3　1に2の半分量を加えてさっと合わせ、器に盛り、ディルを散らす。

ひらたけとしいたけと
じゃがいものゆでサラダ

きのこの量はお好みで。

材料（1人分）
ジャガイモ　80g
シイタケ　適量
ヒラタケ　適量
キュウリ（小角切り）　15g
フレンチ味噌ドレッシング（作りやすい量）
├ フレンチドレッシング
　（p.8「基本のフレンチドレッシング」参照）　35g
├ 西京味噌　20g
└ 牛乳　20g

1　ジャガイモは皮をむいて角切りにし、水から入れてやわらかくなるまでゆでる。
2　シイタケとヒラタケはゆでる。水気を切り、一口大に切る。
3　フレンチ味噌ドレッシングの材料を混ぜ合わせる。キュウリを加え、**1**、**2**と和える。

きのことじゃがいもと鶏手羽の
ヴィネグレットソース

きのこはグリルで焼いて、香ばしさをプラス。

材料（2、3人分）
ジャガイモ　100g
シイタケ　40g
シメジ　20g
鶏手羽先　40g
塩　適量
ヴィネグレットソース
　（p.8「基本のヴィネグレットソース」参照）　30g
パセリ（みじん切り）　少量

1　シイタケとシメジはグリルで焼き、塩をする。1.5～2cm角程度の大きさに切る。
2　ジャガイモは皮をむき、大きめの角切りにして水から入れてゆでる。フォークやマッシャーで粗くつぶす。
3　鶏手羽先は、ゆでてからほぐす。
4　**1**、**2**、**3**とヴィネグレットソースを合わせる。器に盛り、パセリをふる。

温かいじゃがいもと
アサツキと鴨のサラダ

おいしい鴨のコンフィなら、あえてじゃがいもに混ぜ込まず、姿を見せて盛り付けましょう。

材料（2人分）
ジャガイモ（ゆでて皮をむいたもの）　180g
鴨胸肉のコンフィ（小さめ。市販）　1/2本
アサツキ　4本
オリーブ油　適量
ヴィネグレットソース
　（p.8「基本のヴィネグレットソース」参照）　40g
マスタード　少量

1　ジャガイモは、皮つきのまま水から入れてゆで、皮をむき、食べやすい大きさに切る。アサツキはさっとゆでる。
2　フライパンにオリーブ油を敷き、鴨のコンフィを入れて表面を焼き、そぎ切りにする。
3　ヴィネグレットソースにマスタードを混ぜ合わせる。
4　**1**のジャガイモが温かいうちに**3**を加えて合わせ、**2**の鴨、**1**のアサツキとともに皿に盛り付ける。

じゃが揚げのピリ辛ケチャップ

じゃがいものブルーチーズ風味

じゃがいもと鶏肉とパイナップルのサラダ

たことじゃがいものグリーンドレッシング

じゃがいもとえびのグリーンマヨネーズ

じゃが揚げのピリ辛ケチャップ

揚げたじゃがいもに絡めるのは、
タバスコをきかせたピリ辛ケチャップソース。

材料(2、3人分)
ジャガイモ(メークイン)　2個(約200g)
揚げ油(サラダ油)、塩　各適量
エビ(ゆでて殻をむいたもの。むきエビでもよい)　6尾
玉ネギ　20g
アサツキ(みじん切り)　適量
ピリ辛ケチャップ
├ ケチャップ　40g
├ フレンチドレッシング
　 (p.8「基本のフレンチドレッシング」参照)　20g
├ タバスコ　好みの量
└ 塩、コショウ　各適量

1　ジャガイモは皮をむいて角切りにし、素揚げして、塩をする。
2　玉ネギはみじん切りにし、水にさらす。水気をとり、1のジャガイモと合わせる。
3　ゆでたエビは3等分に切る。
4　ピリ辛ケチャップの材料を混ぜ合わせる。1、2、3、アサツキを加えて合わせる。

じゃがいもと鶏肉と パイナップルのサラダ

甘酸っぱいパイナップルが
おもしろいアクセントです。

材料(2人分)
ジャガイモ　80g
鶏胸肉　50g
パイナップル(果肉)　30g
セロリ　20g
塩　適量
A
├ マヨネーズ　30g
├ 生クリーム　10g
└ 塩、コショウ　各適量
イタリアンパセリ(粗みじん切り)　少量

1　鶏胸肉はゆでてから1.5～2cm角に切る。
2　ジャガイモは皮つきのまま蒸してから皮をむき、1.5～2cm角に切る。
3　パイナップルと軽く筋をとったセロリは1cm角程度に切る。セロリは塩をして水気をとる。
4　1、2、3とAを混ぜ合わせ、器に盛る。イタリアンパセリを散らす。

じゃがいものブルーチーズ風味

マヨネーズに加えたブルーチーズが、
大人のポテトサラダの味わいです。

材料(1人分)
ジャガイモ　1個
ホウレン草　3～4枚
玉ネギ(みじん切り)　少量
マヨネーズ　20g
ブルーチーズ(フルムダンベール)　10g
塩、コショウ　各適量

1　ジャガイモは丸ごと蒸してから皮をむき、フォークやマッシャーでつぶす。
2　ホウレン草はゆでてから冷水にとり、水気を切って細かく刻む。
3　マヨネーズ、ブルーチーズ、玉ネギと1、2を混ぜ合わせ、塩、コショウで味を調える。

たことじゃがいもの
グリーンドレッシング

フレンチドレッシングを、
ほうれん草のピュレでグリーンに色づけ。

材料（2、3人分）
ジャガイモ（メークイン） 100g
ゆでダコ 80g
キュウリ 40g
玉ネギ 10g
グリーンドレッシング
├フレンチドレッシング
│ （p.8「基本のフレンチドレッシング」参照） 35g
├ホウレン草のピュレ（ゆでてミキサーにかけたもの）
│ 適量
└塩、コショウ、レモン果汁 各適量
レモンの皮（すりおろし） 少量

1 ジャガイモは丸ごと蒸してから皮をむき、角切りにする。ゆでダコ、キュウリも大きさを揃えて切る。玉ネギはみじん切りにして水にさらし、水気をよく切る。
2 グリーンドレッシングを作る。フレンチドレッシングに、全体が鮮やかなグリーンになる程度にホウレン草のピュレを加える。塩、コショウ、レモン果汁で味を調える。
3 1と2を混ぜ合わせて皿に盛る。レモンの皮のすりおろしを散らす。
＊ グリーンのピュレは、ホウレン草以外に春菊や小松菜などを使っても、または数種類の葉野菜を合わせて作ってもよい（次のサラダも同じ）。

じゃがいもとえびの
グリーンマヨネーズ

ほうれん草のピュレで色づけたマヨネーズで
和えました。やさしいグリーンの色合いがきれい。

材料（1、2人分）
ジャガイモ（男爵） 100g
エビ（むきエビ） 5～6尾
玉ネギ（みじん切り） 5g
グリーンマヨネーズ
├マヨネーズ 40g
├生クリーム 10g
├ホウレン草のピュレ（ゆでてミキサーにかけたもの）
│ 15g
├レモン果汁 少量
└塩、コショウ 各適量
白ゴマ（煎りゴマ） 適量

1 ジャガイモは皮つきのまま水から入れてゆで、皮をむき、フォークでつぶす。エビはゆでて4～5等分に切る。
2 グリーンマヨネーズを作る。マヨネーズ、生クリームを混ぜ合わせ、全体が鮮やかなグリーンになる程度にホウレン草のピュレを加える。塩、コショウで味を調え、レモン果汁を少量加える。
3 1、玉ネギのみじん切り、2を混ぜ合わせる。皿に盛り付け白ゴマをふる。

MASHED POTATO │ マッシュポテトのサラダ

蒸したじゃがいもをつぶしてバターを加えたマッシュポテト。
そのままでも充分おいしいですが、これにさまざまなトッピングを加えると、
たちまちサラダができ上がります。大勢が集まる立食パーティでも大活躍。

アボカドとえびとマッシュポテトのサラダ　　　　　　　　**カリフラワーとマッシュポテトのサラダ**

和グリーン野菜とゆでだことマッシュポテトのサラダ

いろいろ野菜とスモークサーモンとマッシュポテトの温サラダ

アボカドとえびと
マッシュポテトのサラダ

相性のいいえびとアボカドを合わせました。
色も美しい。

材料（2、3人分）
マッシュポテト（下記＊参照）　200g
エビ（中。むきエビ）　2尾
アボカド（完熟）　20g
塩　適量
A（作りやすい量）
├ マヨネーズ　70g
├ ケチャップ　30g
├ 生クリーム　30g
└ タバスコ（またはカイエンヌペッパー）　好みの量
セルフィーユ　適量

＊**マッシュポテト**（でき上がり200g）
├ ジャガイモ　（メークイン、男爵 どちらでもよい）
│　　2〜3個
└ バター、牛乳、塩、コショウ　各適量

ジャガイモは皮をむいて一口大に切り、水から入れてゆでる。火が通ったら水気を切り、火であおって水分を飛ばす。マッシャーでつぶし、バターと少量の牛乳で濃度を調整し塩、コショウをする。

1　エビはさっと塩ゆでし、2〜3等分に切る。アボカドは皮をむき、1.5cm角ほどに切る。
2　Aを混ぜ合わせておく。
3　器にマッシュポテトを敷き、2をのせて伸ばし、1のエビとアボカドをのせて、セルフィーユを散らす。

カリフラワーとマッシュポテトのサラダ

やさしい味わいのカリフラワーと、
マッシュポテトの組み合わせ。

材料（2、3人分）
マッシュポテト（前項参照）　200g
カリフラワーのピュレ（下記＊参照）　100g
カリフラワー（小房に分けてゆでる）　適量

＊**カリフラワーのピュレ**
├ カリフラワー　適量
└ 牛乳、塩、コショウ、生クリーム、レモン果汁
　　各適量

カリフラワーを小房に分けて牛乳でやわらかくゆで、軽く汁気を切ってミキサーにかけ、ピュレ状にする。塩、コショウで味を調え、少量の生クリームとレモン果汁を加える。

1　器にマッシュポテトを敷き、カリフラワーのピュレをのせて伸ばす。
2　ゆでたカリフラワーをのせる。

和グリーン野菜とゆでだことマッシュポテトのサラダ

プレーンなマッシュポテトは、和の素材ともよく馴染みます。ほうれん草や小松菜、春菊などのグリーン野菜とたこを合わせれば、和風テイストのサラダのでき上がり。

材料（2、3人分）
マッシュポテト（前頁参照）　200g
ゆでダコ（塩味が弱ければ塩をふり、レモン果汁をかける）　40g
グリーン野菜（ホウレン草、小松菜、春菊など）　合わせて60g
キュウリ　30g
塩　適量
フレンチドレッシング
　（p.8「基本のフレンチドレッシング」参照）　40g

1. グリーン野菜をゆでて冷水にとり、水気をしっかり切ってから細かく切る。キュウリは5mm角に切り塩をする。
2. 1をフレンチドレッシングで和える。
3. 器にマッシュポテトを敷き、2をのせて伸ばす。ゆでダコを一口大に切ってのせる。

いろいろ野菜とスモークサーモンとマッシュポテトの温サラダ

クリーム煮風の野菜を加えて。

材料（2、3人分）
マッシュポテト（前頁参照）　200g
いろいろ野菜
├ ニンジン、ブロッコリー、カリフラワー、玉ネギ、
│　シイタケ、ブナピー　各10g
└ ホウレン草　2本
スモークサーモン　10g
バター　少量
パルミジャーノ・レッジャーノ・チーズ（すりおろし）　少量
生クリーム　40g
塩、コショウ、レモン果汁　各適量

1. いろいろ野菜とスモークサーモンは、1cm角程度に大きさを揃えて切る。
2. フライパンにバターを熱し、1の野菜を焦げないように炒めてパルミジャーノ・レッジャーノ・チーズと生クリームを加える。スモークサーモンを加えて塩、コショウ、レモン果汁で味を調える。
3. 器にマッシュポテトを敷き、2をのせて伸ばす。

蒸しさつまいものアーモンドマヨネーズ　　　さつまいものオニオンカラメリゼ

SWEET POTATO | さつまいものサラダ

ほんのりとした甘みを引き締めるのは、ナッツや玉ネギ、ドライプラム。
女性に人気の素材ですが、ぜひ男性にも食べていただきたいと思います。

蒸しさつまいものクルミ風味

さつまいものカラメルマヨネーズ和え

蒸しさつまいものアーモンドマヨネーズ

切り方や盛り付けを変えるだけで、
まったく新しいサラダができ上がります。

材料（1人分）
サツマイモ（蒸して皮をむいたもの）　1/2本（約100g）
リンゴ　30g
アーモンドマヨネーズ
├ スライスアーモンド　20g
├ マヨネーズ　30g
├ 生クリーム　25g
└ 塩、コショウ　各少量
アーモンド（ローストして砕く）　適量

1. サツマイモは丸ごと蒸して皮をむき、縦半分に切る（1人分）。リンゴは皮つきのまま、1cm角に切る。
2. アーモンドマヨネーズを作る。スライスアーモンドをさっとゆでて、水気を切る。生クリームを加えてミキサーでピュレにする。マヨネーズを加えて混ぜ合わせ塩、コショウをする。
3. 皿に**1**のサツマイモとリンゴを盛り付け、**2**をかけて、砕いたローストアーモンドを散らす。

さつまいものオニオンカラメリゼ

玉ねぎとリンゴを合わせ、じっくりと火を入れて
作るカラメリゼでコクを加えます。

材料（2、3人分）
サツマイモ　160g
玉ネギとリンゴのカラメリゼ（下記＊参照）　30g
マヨネーズ　30g
生クリーム　20g
塩、黒コショウ　各適量
アーモンドスライス　適量

＊玉ネギとリンゴのカラメリゼ（仕上がり量約50g）
├ 玉ネギ（みじん切り）　80g
├ リンゴ（みじん切り）　20g
└ サラダ油、バター　各適量

玉ネギとリンゴをサラダ油で炒めてから水を加え、やわらかくなるまで煮た後バターを少量加え、全体がキツネ色になるまで火を入れる。

1. サツマイモは皮つきのまま蒸してから一口大に切る。
2. 玉ネギとリンゴのカラメリゼ、マヨネーズ、生クリームを合わせて塩、黒コショウをする。
3. **1**と**2**をさっと和えて器に盛り、アーモンドスライスを散らす。
＊ サツマイモの皮が固いときは、むいて使用する。

蒸しさつまいものクルミ風味

ローストしたクルミが香ばしい。
ちょっと大人のさつまいもサラダ。

材料（1、2人分）
サツマイモ（蒸して皮をむいたもの）　1/2本（約100g）
A
├マヨネーズ　30g
├生クリーム　12g
├ハチミツ　5g
└クルミ（ローストしてからつぶす）　1個分
塩、黒コショウ　各適量

1　サツマイモは蒸してから皮をむき、フォークなどでつぶす。
2　Aを混ぜ合わせ、1を加えて合わせ、塩、黒コショウをする。

さつまいものカラメルマヨネーズ和え

キャラメル味の、さつまいもサラダ。
おやつ感覚でどうぞ。

材料（2人分）
サツマイモ　160g
ドライプラム（粗みじん切り）　1個分
玉ネギ（スライス）　10g
イタリアンパセリまたはパセリ（みじん切り）　適量
カラメルマヨネーズ（作りやすい量）
├マヨネーズ　100g
├カラメル（砂糖と水を合わせて煮詰めたもの）　10g
├生クリーム　30g
└レモン果汁、塩、コショウ　各適量

1　サツマイモは蒸して皮をむき、一口大のイチョウ切りにする。
2　カラメルマヨネーズを作る。砂糖と水を煮詰めてカラメルを作り、生クリームと混ぜる。マヨネーズを加えてレモン果汁、塩、コショウで味を調える。
3　1のサツマイモ、ドライプラム、玉ネギと2を合わせて器に盛り、イタリアンパセリをふる。

PUMPKIN | かぼちゃのサラダ

さつまいもと並び、やさしい甘みが持ち味の野菜です。
相性がいいのはレーズンばかりではありません。クルミやカリカリのベーコン、
マスカルポーネを合わせたら、個性あふれるサラダの完成。

かぼちゃのマスカルポーネマヨネーズ　柚子風味　　　　　かぼちゃとカリカリベーコンのサラダ

重ねかぼちゃのマスカルポーネマヨネーズ

かぼちゃのマスカルポーネマヨネーズ 柚子風味

ほんのり甘いかぼちゃに、マスカルポーネがよく合います。

材料(2、3人分)
カボチャ　240g
マスカルポーネマヨネーズ
├ マスカルポーネ　40g
├ マヨネーズ　20g
├ 生クリーム　20g
└ 牛乳　適量
塩、コショウ　各適量
クルミ　適量
柚子皮(すりおろし)　少量

1　カボチャは種をとり、皮つきのまま蒸してから皮をとり、一口大に切る。
2　マスカルポーネマヨネーズの材料を合わせ、塩、コショウで味を調える。
3　1と2を合わせて器に盛り、クルミをローストしてからつぶして散らす。柚子皮をおろしかける。

かぼちゃとカリカリベーコンのサラダ

カリカリに焼いたベーコンが、甘いかぼちゃを引き締めます。

材料(1、2人分)
カボチャ(蒸したもの。正味)　120g
ベーコン　20g
マヨネーズ　50g
生クリーム　25g
玉ネギ(みじん切りにして水にさらす)　少量
塩、コショウ　各適量

1　カボチャは蒸して皮をとり、実をフォークで粗くつぶす。
2　ベーコンはいろいろな大きさの三角形に切り、フライパンでカリカリになるまで焼く。
3　マヨネーズ、生クリーム、玉ネギのみじん切りを混ぜ合わせ塩、コショウをする。1と合わせて皿に盛り、2をのせる。

重ねかぼちゃのマスカルポーネマヨネーズ

前頁のサラダのアレンジ。かぼちゃを層にして、
ちょっとおもしろい盛り付けに。
マスカルポーネマヨネーズには、レモン果汁も
少し加えています。

材料（2、3人分）
カボチャ　240g
マスカルポーネマヨネーズ（前頁参照）　前頁の量
塩、レモン果汁　各少量
クルミ　適量
黒コショウ　適量

1　カボチャは半分ほどに切って種をとり、皮つきのまま蒸す。皮をつけたまま、3等分にそぎ切りにする。
2　マスカルポーネマヨネーズの材料を合わせ、塩、レモン果汁で味を調える。
3　**1**のカボチャを3枚重ねて押し、密着させてから2cm厚さに切る。皿に盛り、**2**をかけて、クルミをローストしてからつぶして散らし、黒コショウをかける。

POTATO & PUMPKIN
いも、いも、かぼちゃの Mix サラダ

じゃがいも、さつまいも、かぼちゃのホクホクトリオは、混ぜて使っても相性よし。
単独でも作れますが、混ぜると味に変化がついておもしろいので、試してみてください。

じゃがいもとさつまいもとしいたけのサラダ

**じゃがいもとさつまいもとかぼちゃの
　　　　　　　　　　　マッシュサラダ**

じゃがいもとさつまいもの粒マスタードマヨネーズ

さつまいもとじゃがいもとかぼちゃのロール
レーズンマヨネーズ

じゃがいもとさつまいもと しいたけのサラダ

アサツキと、焼いたしいたけがアクセント。

材料（1、2人分）
ジャガイモ（メークイン。ゆでて皮をむいたもの）
　100g
サツマイモ（蒸して皮をむいたもの）　30g
シイタケ　15g
アサツキ　6g
オリーブ油　少量
フレンチドレッシング
　（p.8「基本のフレンチドレッシング」参照）　20g
塩、コショウ　各適量

1　ジャガイモは、皮つきのまま水から入れてゆで、皮をむき、サイコロ状に切る。サツマイモは蒸して皮をむき（または皮つきのままでもよい）、ジャガイモと大きさを揃えて切る。
2　フライパンにオリーブ油を敷き、シイタケを焼いて塩をする。細切りにする。
3　アサツキは2〜3cm長さに切る。
4　1、2とフレンチドレッシングを混ぜ合わせて塩、コショウをする。3のアサツキをさっと合わせる。

じゃがいもとさつまいもとかぼちゃの マッシュサラダ

3つを混ぜてマッシュします。比率はお好みで。できたての温かい状態、または常温で食べたほうがおいしいサラダ。

材料
好みのイモやカボチャ　適量
　（ここではジャガイモ5：サツマイモ3：カボチャ2で合わせた。比率は好みでよい。カボチャだけなど1種類でもよい）
バター、塩、コショウ　各適量
マスカルポーネ　50g
生クリーム　20g
オレンジの果肉　適量
黒コショウ　適量

1　ジャガイモ、サツマイモ、カボチャは蒸してから皮をとり、合わせてマッシャーでつぶす。バターを加えてよく混ぜ塩、コショウをする。
2　マスカルポーネに生クリームを加え（5：2の割合）、塩、コショウをする。
3　1を器に盛り、2をのせる。オレンジの果肉を刻んで散らし、黒コショウをかける。

じゃがいもとさつまいもの粒マスタードマヨネーズ

粒マスタードを加えたマヨネーズがおいしい。

材料（2、3人分）
ジャガイモ（メークイン）　90g
サツマイモ　40g
キュウリ　25〜30g
チェダーチーズ　20g
ハム　20g
塩　適量
粒マスタードマヨネーズ
├マヨネーズ　40g
├粒マスタード　15g
└生クリーム　10g

1　ジャガイモとサツマイモは蒸して皮をむく（サツマイモは皮が薄くきれいなら皮ごと使う）。それぞれ1.5cm角に切る。
2　キュウリは1cm角に切り、塩をしておき、水気をとる。チェダーチーズは1cm角に、ハムは5mm角に切る。
3　粒マスタードマヨネーズの材料を混ぜ合わせる。**1**、**2**を加えて合わせる。

さつまいもとじゃがいもとかぼちゃのロール レーズンマヨネーズ

和えてしまってもいいのですが、ちょっと仕立てを変えるだけで、おもしろい1品に。

材料（5人分）
ジャガイモ（メークイン。蒸して皮をむいたもの）　120g
カボチャ（種と皮をとり蒸したもの）　100g
サツマイモ（蒸して皮をむいたもの）　60g
レーズンマヨネーズ
├マヨネーズ　40g
├生クリーム　10g
├玉ネギ（みじん切りにし水にさらす）　5g
├レーズン（小さめ）　20粒
└白ワイン　15ml
パルミジャーノ・チーズのチュイル
└パルミジャーノ・レッジャーノ・チーズ（すりおろし）　30g

1　ジャガイモ、カボチャ、サツマイモは蒸して皮をとったものを一口大に切り、混ぜて、セルクル型に詰める。
2　レーズンマヨネーズを作る。レーズンは白ワインに浸す。マヨネーズ、生クリーム、玉ネギのみじん切り、レーズン（浸した汁ごと）を混ぜ合わせる。
3　パルミジャーノ・チーズのチュイルを作る。テフロン加工のフライパンを熱し、パルミジャーノ・レッジャーノ・チーズを薄く敷き、焦げ目がつきパリパリになるまで焼く。
4　**1**をセルクル型から抜いて皿に置き、**2**をかける。**3**を一口大に割ってのせる。

TOMATO | トマトのサラダ

さまざまな品種が出回っているトマトです。
好みのものを使ってください。火を入れると旨みが凝縮されて、
フレッシュとはまた違ったおいしさが生まれます。

トマトサラダ　生姜風味

トマトのローストマリネ　シラス風味

トマトのローストマリネ　ツナ風味

トマトのローストマリネ　バジル風味

トマトのローストマリネ　生ハム風味

トマトサラダ　生姜風味

フレッシュのトマトサラダは、
さまざまな仕立て方が可能です。
ここでは醤油と生姜を少しきかせた和風味で。

材料（1、2人分）
トマト　1個
クレソン　少量
A
├ 醤油、サラダ油　各適量（1：1の割合）
├ 生姜（すりおろし）　適量
└ ＊混ぜ合わせる。

1　トマトは5mm厚さの輪切りにする。
2　皿に**1**を並べ、Aをかける。クレソンの葉を散らす。

トマトのローストマリネ　シラス風味

合わせたのはにらとシラス。
ちょっと和風のアレンジです。どんなサラダでも
トマトは基本的に完熟を使いますが、
ローストする場合は特にこれが大切です。

材料（1人分）
トマト　1/2個
シラス　適量
ニラ　少量
シメジ　少量
サラダ油、ゴマ油　各少量
フレンチドレッシング
　（p.8「基本のフレンチドレッシング」参照）　少量

1　ニラとシメジはそれぞれ少量のサラダ油で炒めておく。
2　横半分に切ったトマトに**1**のニラをのせてオーブンで焼く。火が入ったらとり出して皿に盛り、ゴマ油をかけてシラスを盛る。
3　**1**のシメジを横に添え、全体にフレンチドレッシングをかける。

トマトのローストマリネ　バジル風味

トマトとバジルも相性のいい組み合わせ。

材料（1人分）
トマト　1/2個
玉ネギのソテー（玉ネギをスライスし、オリーブ油で
　炒めたもの）　少量
バジルの葉　1枚
A
├ ニンニク（みじん切り）、バジルの葉（みじん切り）、
├ スタッフドオリーブ（みじん切り）、オリーブ油、塩
│　　各少量
└ ＊好みの割合で混ぜ合わせる。
パプリカ（赤・黄）、塩　各適量
バルサミコドレッシング
　（バルサミコ酢とE.V.オリーブ油を1：1で合わせ、
　塩、コショウで味を調える）　適量

1　横半分に切ったトマトに玉ネギのソテーとAをのせてオーブンで焼く。
2　パプリカは縦に細切りにして塩をふり、出てきた水分をとる。
3　**1**と**2**を皿に盛る。バルサミコドレッシングを、トマトとパプリカにかけ、トマトにバジルの葉をのせる。

トマトのローストマリネ ツナ風味

ツナやオリーブ、ケッパーの味を加えて。

材料（1人分）
トマト　1/2個
アサツキ　適量
A
├ ツナ（油漬け缶詰）　少量
├ 玉ネギ（スライス）　少量
├ 枝つきケッパー（2〜4つ割に切る）　少量
├ 黒オリーブ（つぶす）　少量
└ パプリカ（赤・黄。細切り）　各少量
オリーブ油　少量
赤ワインヴィネガードレッシング
　（赤ワインヴィネガーとE.V.オリーブ油を1：1で合わせ、塩、コショウで味を調える）　適量

1　横半分に切ったトマトにAをのせ、オリーブ油をかけてオーブンで焼く。
2　1に火が入ったら皿に盛り、1/2の長さに切ったアサツキを添える。赤ワインヴィネガードレッシングをトマトにかける。

トマトのローストマリネ 生ハム風味

生ハムと相性のいいタイムやローズマリーなどの香草を合わせます。

材料（1人分）
トマト　1/2個
ルーコラ　適量
生ハム　適量
タイム、ローズマリー（フレッシュ）、ニンニク（薄切り）
　各少量
オリーブ油　適量
バルサミコドレッシング
　（バルサミコ酢とE.V.オリーブ油を1：1で合わせ、
　塩、コショウで味を調える）　適量

1　横半分に切ったトマトに、オリーブ油にくぐらせた生ハム、タイム、ローズマリー、ニンニクをのせてオーブンで焼く。
2　1に火が入ったら皿に盛り、ルーコラを添える。バルサミコドレッシングをトマトにかける。

トマトとズッキーニのサラダ　ルーコラの香り　　　　　　　トマトとなすとパプリカのサラダ

TOMATO & OTHERS　│　トマト Mix サラダ

お馴染みのサラダ素材であるトマトは、さまざまなMixサラダにも使われ、
みずみずしい食感と酸味、甘み、旨みを加えてくれます。
なすやズッキーニ、パプリカといった夏野菜との組み合わせは定番です。

トマトローストとあさりのサラダ

トマトローストのサラダ　カレー風味

トマトときゅうりと鶏ささみのサラダ

トマトとズッキーニのサラダ ルーコラの香り

ルーコラをピュレにしてドレッシングの風味づけに。

材料（1、2人分）
トマト　1/3個
ズッキーニ　1/4本
生ハム　少量
アンチョビ　少量
オリーブ油、塩　各適量
ルーコラドレッシング
├ ルーコラのピュレ（オリーブ油とルーコラを合わせて
│　　ミキサーにかけ、少量の塩を加える）　適量
├ 赤ワインヴィネガー、E.V.オリーブ油
│　　各適量（1：1の割合）
└ 塩、コショウ　各適量

1 トマトは横1cm幅の輪切りにし、オーブンで焼く。
2 ズッキーニは斜め切りにし、オリーブ油を敷いたフライパンで焼いて、塩をする。
3 ルーコラドレッシングの材料を混ぜ合わせる。
4 1、2、生ハムを重ねて盛り、3をかける。アンチョビは1/2〜1/3幅に切り、まわりに添える。

トマトとなすとパプリカのサラダ

トマトはロースト、なすは油で揚げて合わせます。

材料（1、2人分）
トマト　1/2個
ナス（大きめ）　1/3本
パプリカ（赤・黄。小角切り）　各適量
ニンニク（みじん切り）　少量
バジルの葉　1枚
揚げ油（サラダ油）　適量
オリーブ油、塩、コショウ　各適量
バルサミコドレッシング
　（バルサミコ酢とE.V.オリーブ油を1：1で合わせ、
　　塩、コショウで味を調える）　30g

1 トマトは横1cm幅の輪切りにし、オーブンで焼く。
2 ナスは1cm幅の斜め切りにして素揚げし、塩をふる。
3 フライパンにオリーブ油を敷き、ニンニクのみじん切りを入れて熱し、小角切りのパプリカを炒める。
4 間にバジルの葉を挟んで1と2を重ねて盛り、3を上からかけて、バルサミコドレッシングをかける。

トマトローストとあさりのサラダ

トマトとあさりは、パスタでもお馴染みのおいしい組み合わせ。

材料（2人分）
プチトマト（赤）　1個
プチトマト（黄）　7個
E.V.オリーブ油　適量
塩、コショウ　各適量
A
├ アサリ（殻つき）　7個
├ 白ワイン　適量
├ オリーブ油　10g
└ ニンニク（みじん切り）　少量
B
├ アサリの蒸し汁（Aのもの）　15g
├ トマトローストの焼き汁　適量
├ 赤ワインヴィネガー　10g
└ E.V.オリーブ油　10g
アサツキ（1〜2cm幅に切る）　適量
ライムの皮（すりおろし）　少量

1 プチトマトは半分に切る。オーブンの天板に並べ、E.V.オリーブ油、塩、コショウをふって200℃で火が通るまで焼く。
2 鍋にAのアサリを殻ごと入れ、白ワインを少量注ぐ。オリーブ油、ニンニクも加えて蓋をし、アサリの殻が開くまで蒸し煮する。
3 2のアサリの蒸し汁、1のトマトの焼き汁、Bの赤ワインヴィネガー、E.V.オリーブ油を混ぜ合わせ塩、コショウをする。
4 1のトマトと2のアサリの身を器に盛り付け、3をかけ、アサツキを散らす。ライムの皮のすりおろしをかける。

トマトローストのサラダ　カレー風味

カレー風味のドレッシングには、相性のいいハチミツを加えます。できたての温かい状態がおいしい。

材料（2、3人分）
プチトマト　120g
オクラ　小2本
玉ネギ　40g
インゲン　30g
アサツキ（1cm幅に切る）　適量
揚げ油（サラダ油）　適量
カレードレッシング
├フレンチドレッシング
　　（p.8「基本のフレンチドレッシング」参照）　15g
├マヨネーズ　10g
├カレー粉　適量
├ハチミツ　10g
└玉ネギ（みじん切りにして水にさらす）　5g
塩、コショウ　各適量

1　プチトマトはオーブンで軽く焼き、縦半分に切る。
2　オクラは素揚げしてから1cm幅の輪切りにする。玉ネギは厚めにスライスしてから素揚げする。インゲンはそのまま素揚げする。それぞれ軽く塩をふっておく。
3　カレードレッシングの材料を混ぜ合わせて塩、コショウをする。1、2、アサツキを入れてさっと和える。

トマトときゅうりと鶏ささみのサラダ

さっぱりとした素材の組み合わせ。
オリーブとアンチョビで味にコクを加えます。

材料（2人分）
トマト　90g
キュウリ　30g
鶏ささみ　40g
塩、コショウ　各適量
A
├赤ワインヴィネガー　15g
├E.V.オリーブ油　20g
├緑オリーブ（みじん切り）　1個分
└アンチョビ（みじん切り）　1枚分
イタリアンパセリ（粗みじん切り）　少量

1　トマトとキュウリは皮つきのまま小さめの一口大に切る。キュウリは塩をする。
2　鶏ささみは塩、コショウをしてやわらかく蒸す。
3　Aを混ぜ合わせて塩、コショウをする。1、2を加えてさっと合わせる。器に盛り、イタリアンパセリを散らす。

EGGPLANT | なすのサラダ

和、洋、中、それぞれにおいしい食べ方があるなすですから、サラダの発想も柔軟に。
油との相性がよく、揚げるとおいしさが格段に上がります。

なすとカッテージチーズのマリネ

なすの揚げサラダ　サルサソース

なすとしいたけの揚げサラダ　味噌風味

揚げなすとパプリカの味噌風味

揚げなすと鯖のサラダ

なすとカッテージチーズのマリネ

なすとカッテージチーズ、黒オリーブは、相性のいい組み合わせ。

材料（2、3人分）
ナス　2本（70g×2）
揚げ油（サラダ油）　適量
塩　適量
カッテージチーズ　15g
黒オリーブ　3個
イタリアンパセリ　適量
マリネソース
├ 赤ワインヴィネガー　15g
├ オリーブ油　15g
├ ニンニク（みじん切り）　少量
├ パプリカ（黄。みじん切り）　少量
└ 塩、コショウ　各少量

1. ナスは縦に薄く切り、熱した油に入れて素揚げし、塩をふる。
2. 黒オリーブは粗くつぶす。カッテージチーズは小さめにちぎる。イタリアンパセリは粗く刻む。
3. マリネソースの材料を混ぜ合わせる。
4. 皿に**1**のナスを敷いて**3**のマリネソースをかけ、**2**のオリーブとカッテージチーズをのせて、イタリアンパセリを散らす。

なすの揚げサラダ　サルサソース

トマトやきゅうりを加えて作るソースをたっぷりかけて。できたての温かい状態で食べたい。

材料（1、2人分）
ナス　1本
揚げ油（サラダ油）　適量
塩　少量
サルサソース
├ トマト（小角切り）　20g
├ 玉ネギ（みじん切り）　5g
├ ニンニク（みじん切り）　少量
├ キュウリ（小角切り）　20g
├ 生ハム（みじん切り）　2g
├ オリーブ油　12g
├ 赤ワインヴィネガー　8g
└ 塩、コショウ　各適量
バジル（葉）　適量

1. ナスは縦半分に切り、熱した油に入れて素揚げし、塩をふる。
2. サルサソースを作る。野菜と生ハムはそれぞれ切り（キュウリは混ぜ合わせる前に塩をしておく）、すべての材料を混ぜ合わせる。
3. 皿に**1**のナスを置き、**2**をかける。バジルの葉をちぎって散らす。

揚げなすとパプリカの味噌風味

フレンチドレッシングに西京味噌と
おろし生姜を合わせ、なすを和えます。
和の和え物にも似た味わい。

材料（2人分）
ナス　2本
パプリカ（黄）　20g
キュウリ　20g
揚げ油（サラダ油）、塩　各適量
味噌ドレッシング
├ フレンチドレッシング
│　（p.8「基本のフレンチドレッシング」参照）　30g
├ 西京味噌　20g
└ おろし生姜　20g

1　ナスは竹串で皮に数ヵ所穴を開け、素揚げする。
　　冷水にとって皮をむき、一口大に切る。
2　パプリカは小角切りにして素揚げし、塩をする。
3　キュウリは小角切りにして塩をする。
4　味噌ドレッシングの材料を混ぜ合わせる。**1**、**2**、
　　3を加えて合わせ、器に盛る。

なすとしいたけの揚げサラダ
味噌風味

フレンチ味噌ドレッシングは、
フレンチドレッシングに西京味噌を加えたもの。

材料（2、3人分）
ナス　2本
シイタケ（小さめ）　6個
揚げ油（サラダ油）、塩　各適量
キュウリ（小角切り）　15g
フレンチ味噌ドレッシング（p.19「ひらたけとしいたけ
　とじゃがいものゆでサラダ」参照）　適量

1　ナスはヘタをとり、縦半分に切ってさっと素揚
　　げする。シイタケは半分に切り、素揚げする。
　　それぞれ塩を少量ふる。
2　フレンチ味噌ドレッシングにキュウリを加え
　　る。
3　**1**を皿に盛り、**2**を2/3量かける。

揚げなすと鯖のサラダ

揚げなすは、鯖や鰯などの青魚とも相性がよい。

材料（2人分）
ナス　2本
伏見甘長トウガラシ　1本
揚げ油（サラダ油）　適量
塩　適量
サバ（またはイワシなど）　20g
A
├ トマト（小角切り）　25g
├ 黒オリーブ（つぶす）　1個
├ E.V.オリーブ油　15g
├ バルサミコ酢　6g
└ 塩、コショウ　各適量

1　ナスは縦半分に切り、熱した油に入れて素揚げ
　　し、塩をふる。伏見甘長トウガラシも素揚げし、
　　塩をふり、半分に切る。
2　サバは半身の状態で塩をし、オーブンで焼いて、
　　身をほぐす。
3　Aを混ぜ合わせ、**2**を加えて合わせる。
4　**1**のナスを皿に盛り、**3**をかける。**1**の伏見甘長
　　トウガラシを添える。

なすの揚げサラダ　梅風味

揚げなすのアンチョビソースがけ

いんげん、モロッコいんげん、
マッシュルーム、トマトのサラダ

いんげんとマッシュルームのサラダ

GREEN BEANS & MUSHROOM
いんげん＋マッシュルームのサラダ

相性のいい、いんげんとマッシュルームのサラダバリエーション。シンプルに
ヴィネグレットソースを合わせるだけでも充分ですが、ちょっとアレンジを加えてもいいでしょう。

いんげんとフレッシュマッシュルームの
レバードレッシング

なすの揚げサラダ 梅風味

梅肉やシラスで和風の味つけに。

材料（2人分）
ナス　1～2本
揚げ油（サラダ用）　適量
梅ドレッシング（作りやすい量）
├ フレンチドレッシング
│　（p.8「基本のフレンチドレッシング」参照）　30g
└ 梅肉　6g
シラス　4g
紅タデ　適量

1　ナスはヘタをとり、竹串で表面に穴を開け、水分をとり、熱した油に入れて素揚げする。冷水にとって皮をむき、4～5等分の食べやすい大きさに切る。
2　フレンチドレッシングと梅肉を混ぜ合わせ、梅ドレッシングを作る（ナス1本に対してでき上がり量の1/2～1/3量を使う）。
3　**1**と**2**を合わせる。皿に盛り、シラスと紅タデを散らす。

揚げなすのアンチョビソースがけ

皮をむいたなすに、味がよく絡みます。

材料（2、3人分）
ナス　2本（70～80g×2）
揚げ油（サラダ油）　適量
アンチョビソース
A
├ 玉ネギ（みじん切り）　10g
├ ニンニク（みじん切り）　少量
└ E.V.オリーブ油　少量
B
├ ドライトマト（みじん切り）　1個分
├ アンチョビ（みじん切り）　1枚分
├ ケッパー　8粒
├ シブレット（またはアサツキ。刻む）　適量
└ ヴィネグレットソース
　　（p.8「基本のヴィネグレットソース」参照）　20g
塩、コショウ　各適量
パルミジャーノ・レッジャーノ・チーズ（すりおろし）
　適量

1　ナスはヘタをとり、竹串で表面に穴を開け、水分をとり、熱した油に入れて素揚げする。冷水にとって皮をむき、4～5等分の食べやすい大きさに切る。
2　アンチョビソースを作る。フライパンにAのE.V.オリーブ油と玉ネギ、ニンニクのみじん切りを入れて熱し、色づくまで炒める。
3　ボウルにBを入れて混ぜ合わせ、**2**を加えて塩、コショウをする。
4　**1**と**3**をさっと合わせて器に盛る。パルミジャーノ・レッジャーノ・チーズをおろしかける。

いんげん、モロッコいんげん、マッシュルーム、トマトのサラダ

トマトでやさしい酸味をプラス。

材料（1、2人分）
インゲン　30g
モロッコインゲン　25g
トマト　40g
マッシュルーム（実が締まって新鮮なもの）　30g
塩　適量
ヴィネグレットソース
　（p.8「基本のヴィネグレットソース」参照）　20g

1　インゲン、モロッコインゲンは塩ゆでして冷水にとり、3～4cm長さに切る。
2　マッシュルームは薄切りにする。トマトは皮つきのまま小角切りにする。
3　**1**、**2**の材料とヴィネグレットソースを合わせ、皿に盛り付ける。

いんげんとマッシュルームのサラダ

相性のいい、いんげんとマッシュルームの
組み合わせをシンプルに楽しむサラダ。
どちらも新鮮なものを使うのがポイントです。

材料（1人分）
インゲン　50～60g
マッシュルーム（実が締まって新鮮なもの）　20g
イタリアンパセリ（みじん切り）　適量
塩　適量
ヴィネグレットソース
　（p.8「基本のヴィネグレットソース」参照）　15g
ニンニク（みじん切り。またはすりおろし）　少量

1　インゲンは塩ゆでして冷水にとり、2～3等分に切る。マッシュルームは薄切りにする。
2　ヴィネグレットソースとニンニクのみじん切りを混ぜ合わせ、**1**と合わせる。
3　皿に盛り付け、イタリアンパセリを散らす。

いんげんとフレッシュマッシュルームのレバードレッシング

鶏レバーを加えたヴィネグレットソースで、
味にコクをプラス。

材料（1人分）
インゲン　10本
マッシュルーム（実が締まって新鮮なもの）　2個
トマト（小角切り）　少量
塩　適量
レバードレッシング
　（p.62「カリフラワーのグリル」参照）　適量

1　インゲンは塩ゆでして冷水にとり、水気をとる。マッシュルームは薄切りにする。
2　皿に**1**を盛り付けてレバードレッシングをかけ、トマトを散らす。

BELL PEPPERS | パプリカ、ピーマンのサラダ

鮮やかな色と、苦みのない食べやすい味が特徴のパプリカ。くたくたに煮込んだラタトゥーユのおいしさも格別ですが、サラダではシャキシャキした歯応えを楽しんでください。グリーンのピーマンは、特徴のあるおいしさを生かしましょう。

パプリカの揚げサラダ　　　　　　　　**パプリカのサラダ　アンチョビ風味**

パプリカのサラダ ツナ風味　　　　　　　　パプリカのサラダ サワークリームソース

パプリカといかのサラダ 生姜風味　　　　　緑ピーマンの揚げサラダ

パプリカの揚げサラダ

油でさっと揚げると、パプリカの赤い色味が
より鮮やかに。

材料（2、3人分）
パプリカ（赤）　120g（小2個程度）
揚げ油（サラダ油）　適量
塩　適量
A
├ トマト（小角切り）　30g
├ 玉ネギ（みじん切り）　8g
├ 生ハム（みじん切り）　適量
├ ケッパー　少量
└ ヴィネグレットソース
　　（p.8「基本のヴィネグレットソース」参照）20g
ニンニク　1片
ルーコラ・セルバチコ＊　適量
＊ルーコラ・セルバチコ：野生のルーコラという名だが、別の科の野草。風味がルーコラに似ているところからの名。

1　パプリカは、食べやすい大きさのくし形に切り、熱した油でさっと素揚げし、塩をふる。
2　Aを混ぜ合わせる。
3　ニンニクは薄くスライスし、熱した油に入れて、焦げめがつくまで素揚げする。
4　1、2をさっと合わせて皿に盛る。3のニンニクとルーコラ・セルバチコをちぎって散らす。

パプリカのサラダ　アンチョビ風味

アンチョビ、オリーブ、レーズンで、
メリハリのある味つけに。

材料（2、3人分）
パプリカ（赤）　70g
パプリカ（黄）　70g
塩　適量
マリネソース
├ アンチョビ（細かく刻む）　2枚分
├ スタッフドオリーブ（細かく刻む）　4個分
├ 玉ネギ（みじん切り）　5g
├ ニンニク（みじん切り）　少量
├ バルサミコ酢　8g
├ E.V.オリーブ油　20g
├ レーズン（細かく刻む）　5g（10粒程度）
├ イタリアンパセリ（細かく刻む）　少量
└ 塩、コショウ　各適量

1　パプリカは縦に細長く切り、塩をふる。
2　マリネソースの材料を混ぜ合わせる。
3　キッチンペーパーで1の水分をとって皿に盛り付け、2のソースをかける。

パプリカのサラダ　ツナ風味

オイル漬けのツナをベースにしたソースで和えます。

材料（2人分）
パプリカ（黄）　30g
パプリカ（赤）　20g
インゲン　4本
トマト　20g
アサツキ　少量
塩　適量
ツナソース
├ ツナ（油漬け缶詰）　20g
├ 玉ネギ（みじん切り）　6g
├ ニンニク（みじん切り）　小1片分
├ オリーブ油　60g
├ ヨーグルト（プレーン）　30g
└ 塩、コショウ　各適量

1　パプリカは縦に細長く切り、塩をふる。インゲンは塩ゆでにして冷水にとり、食べやすい長さに切る。トマトは小角に切り、アサツキは細かく刻む。
2　ツナソースの材料を混ぜ合わせる。
3　1と2をさっと合わせて器に盛り付ける。

パプリカといかのサラダ 生姜風味

生姜風味のさっぱりとしたドレッシングで和えます。

材料（2、3人分）
パプリカ（赤） 80g
パプリカ（黄） 40g
イカ（むき身とゲソ） 100g
シイタケ 35g
シブレット（みじん切り） 少量
揚げ油（サラダ油） 適量
塩 適量
A
├ フレンチドレッシング
│ （p.8「基本のフレンチドレッシング」参照） 50g
├ 生姜（すりおろし） 8g
└ 塩、コショウ 各適量

1 パプリカは縦1〜2cm幅に切り、塩をする。イカはゆでてから（または蒸す）一口大に切る。シイタケは素揚げして縦2〜4つ割に切る。
2 Aのフレンチドレッシングとおろし生姜を混ぜ合わせ、塩、コショウをする。
3 1と2をさっと和えて器に盛り、シブレットを散らす。

パプリカのサラダ サワークリームソース

フレンチドレッシングに、サワークリームを加えて爽やかなソースに。

材料（2人分）
パプリカ（赤・黄など） 計140g
キュウリ 20g
玉ネギ 10g
生ハム 10g
塩 適量
フレンチドレッシング
（p.8「基本のフレンチドレッシング」参照） 30g
サワークリーム 30g
イタリアンパセリ（粗みじん切り） 適量

1 パプリカは縦1cm幅に切る。キュウリは小角切りにする。玉ネギはみじん切りにする。それぞれ塩をして出てきた水気をとる。生ハムは小角切りにする。
2 フレンチドレッシングとサワークリームを混ぜ合わせ、1とイタリアンパセリを加えて和える。

緑ピーマンの揚げサラダ

特徴のある味わいのピーマンには、豚肉やセロリなど、強い味を合わせてもバランスがよい。

材料（1、2人分）
ピーマン 約3個（100g）
揚げ油（サラダ油） 適量
モロッコインゲン 10g
インゲン 10g
セロリ 10g
豚肉（肩ロースなど脂のある部位）＊ 適量
干しイチジク 小1個
サラダ油 適量
タカノツメ 小1個
塩、コショウ 各適量
玉ネギ（みじん切り） 5g
レモン果汁 12g
E.V.オリーブ油 20g
レモンの皮（すりおろし） 適量
黒粒コショウ 適量
＊豚肉の代わりに鶏モモ肉や仔羊肉を使ってもおいしい。

1 ピーマンは縦半分に切り、ヘタ、種、ワタをとり除く。水気をふき、熱した油に入れてさっと素揚げし、塩をふる。
2 モロッコインゲン、インゲンは塩ゆでにし、冷水にとり、小口切りにする。セロリは筋をとり、小口切りにする。干しイチジクは4つ割に切る。
3 豚肉は小さめに切り、塩、コショウをする。フライパンでサラダ油とタカノツメを熱し、豚肉を入れてよく焼く。
4 玉ネギのみじん切りとレモン果汁、E.V.オリーブ油、塩を混ぜ合わせる。
5 1、2、3と4のソースを合わせ、皿に盛り付ける。レモンの皮のすりおろしとつぶした黒粒コショウをかける。

CAULIFLOWER | カリフラワーのサラダ

ゆでて食べるのが定番のカリフラワー。油で揚げたりグリルで焼いたりすると、香ばしさが加わって一味違ったおいしさに。淡白な味わいなので、レバーやアンチョビといった強い味を合わせてもくどくなりません。

カリフラワーのグリル　レバードレッシング

カリフラワーの揚げサラダ

いかのグリルとカリフラワーのサラダ

カリフラワーの揚げサラダ　軽い生姜風味

カリフラワーのグリル レバードレッシング

カリフラワーにはレモンドレッシングがよく合いますが、目先を変えた組み合わせもおもしろい。このレバードレッシングは、ローストチキンなどにもよく合います。

材料（2人分）
カリフラワー　100g
柿（固めのもの）　20g
レバードレッシング
⎾鶏レバー　20g（または好みの量）
├ヴィネグレットソース
│　（p.8「基本のヴィネグレットソース」参照）　30g
├塩、コショウ　各適量
⎣サラダ油　適量

1　カリフラワーは小房に分けてグリルで焼く。
2　レバードレッシングを作る。鶏レバーは塩、コショウをする。フライパンにサラダ油を敷いてレバーを入れ、軽く焼いてから裏漉し、水で少しのばす。ヴィネグレットソースと混ぜ合わせて塩、コショウをする（レバーの分量は好みで調節する）。
3　柿は皮をむき、小角切りにして**2**のレバードレッシングと混ぜ合わせ、**1**のカリフラワーにかける。

カリフラワーの揚げサラダ

淡白なカリフラワーも油で揚げると香ばしさが加わり、味にメリハリが出ます。ニンニクやベーコン、アンチョビを合わせたパン粉を加えて、おつまみ風のサラダに。

材料（2、3人分）
カリフラワー　1/2株
揚げ油（サラダ油）、オリーブ油、塩　各適量
フレンチドレッシング（p.8「基本のフレンチドレッシング」参照）　20～25g
ベーコン（せん切り）　10g
ニンニク（みじん切り）　少量
パン粉　10g
アンチョビ（みじん切り）　1～2枚分
パセリ（みじん切り）　少量

1　カリフラワーは小房に分けて素揚げする。油を切り、塩をする。
2　フライパンにオリーブ油を敷き、ベーコンとニンニクを入れて色づくまでよく焼き、パン粉を加える。刻んだアンチョビも加える。
3　**1**を皿に盛り、フレンチドレッシングをまわしかけ、**2**をかける。パセリを散らす。

いかのグリルとカリフラワーのサラダ

カリフラワーは生のまま薄切りにして、
いつもと違う歯応えをお楽しみください。

材料（1、2人分）
カリフラワー　60g
イカ（ゲソ。胴でもよい）　30g
水菜　適量
塩　少量
赤ワインヴィネガードレッシング
　（赤ワインヴィネガーとE.V.オリーブ油を1：1で合わせ、塩、コショウで味を調える）　適量

1　カリフラワーは小房に分け、5mm弱の厚さに切り、軽く塩をする（あまり薄く切ると崩れやすい）。
2　イカはグリルで焼き（または網焼き）、軽く塩をする。
3　皿に**1**、**2**を盛り付け、赤ワインヴィネガードレッシングをかける。水菜をのせる。

カリフラワーの揚げサラダ
軽い生姜風味

チェダーチーズと生姜をきかせたドレッシングが新鮮です。

材料（2人分）
カリフラワー　120g
揚げ油（サラダ油）　適量
塩　適量
イタリアンパセリ（粗みじん切り）　少量
A
├フレンチドレッシング
│　（p.8「基本のフレンチドレッシング」参照）　25g
├チェダーチーズ（5mm角切り）　10g
├玉ネギ（みじん切り。水にさらす）　10g
├生姜（すりおろし）　少量
└塩、コショウ　各適量

1　カリフラワーは小房に分けて、高温の油で焦げ目がつくまで素揚げして塩をする。
2　Aを混ぜ合わせる。
3　**1**と**2**を合わせて器に盛り付ける。イタリアンパセリを散らす。

ブロッコリーとカリフラワーと半熟卵のサラダ

ブロッコリーといかのサラダ

BROCCOLI & OTHERS | ブロッコリーの Mix サラダ

濃い味としっかりとした食感が持ち味のブロッコリー。
野菜だけの組み合わせでも、魚介や肉を合わせても、他の素材に負けることはありません。

ブロッコリーと鰯ポワレのサラダ

**グリーンアスパラガスと半熟卵の
マヨネーズクリーム和え**

**にんじんとじゃがいもとグリーンアスパラガスの
カレーマヨネーズサラダ**

ASPARAGUS & OTHERS | アスパラ Mix サラダ

単独で食べてもおいしいグリーンアスパラガスですが、Mix サラダの中でも存在感を発揮します。
特にマヨネーズ系のソースや卵との相性は抜群。

**グリーンアスパラガスと新玉ねぎの
オレンジマヨネーズ**

ブロッコリーとカリフラワーと半熟卵のサラダ

半熟卵は具材のひとつですが、ソースの役目も果たします。常温または少し温かい状態で食べたいサラダです。

材料（1、2人分）
ブロッコリー　50g
カリフラワー　50g
半熟卵　1個
フレンチドレッシング（p.8「基本のフレンチドレッシング」参照）　20〜30g
ハム（小角切り）　10g
パセリ（みじん切り）　適量

1　ブロッコリーとカリフラワーは小房に分けてゆで、冷水にとって冷ます。
2　半熟卵は殻をむき、縦8つ割に切る。
3　フレンチドレッシング、ハム、パセリを混ぜ合わせる。
4　**1**と**2**をさっと合わせて器に盛り、**3**をかける。

ブロッコリーと鰯ポワレのサラダ

バルサミコドレッシングがよく合います。

材料（2人分）
ブロッコリー　70g
イワシ　1尾
トマト　少量
塩　少量
ニンニク　1片
オリーブ油　20g
バルサミコドレッシング
　（バルサミコ酢とE.V.オリーブ油を1：1で合わせ、塩、コショウで味を調える）　40g

1　ブロッコリーは小房に分けてゆで、冷水にとる。
2　イワシは三枚におろす。
3　フライパンにオリーブ油を敷いてニンニクを入れ、香りが出たら**2**のイワシを皮目から入れて焼き、塩をふる。
4　トマトは皮つきのまま小角切りにする。
5　皿に**1**のブロッコリー、一口大に切った**3**のイワシ、**4**のトマトを盛り付け、バルサミコドレッシングをかける。

ブロッコリーといかのサラダ

食感が大切です。
ブロッコリーはあまり火を入れすぎないように。

材料（2人分）
ブロッコリー　70g
イカ　35g
オリーブ油　適量
A
├アンチョビ（みじん切り）　10g
├スタッフドオリーブ（みじん切り）　2個分
├ニンニク（すりおろし）　少量
├パセリ（みじん切り）　少量
└バルサミコドレッシング
　（バルサミコ酢とE.V.オリーブ油を1：1で合わせ、塩、コショウで味を調える）　30g

1　ブロッコリーは小房に分けてゆで、冷水にとる。
2　フライパンにオリーブ油を敷き、イカを入れてさっと焼き、1.5cm幅程度に切る。
3　Aを混ぜ合わせる。
4　器に**1**、**2**を盛り付け、**3**をかける。

グリーンアスパラガスと半熟卵の マヨネーズクリーム和え

とろとろの半熟卵がおいしいソースに。

材料（2人分）
グリーンアスパラガス　2本（約60g）
ジャガイモ（メークイン）　100g
卵（半熟卵にする）　1個
マヨネーズ　40g
生クリーム　15g
パルミジャーノ・レッジャーノ・チーズ（すりおろし）
　適量

1　グリーンアスパラガスは根元の固い部分をとり除き、ゆでてから冷水にとる。水気をとり、4〜5等分の斜め切りにする。
2　ジャガイモは皮をむいて一口大に切り、水から入れてゆでる。火が通ったら湯を捨て、火であおりながら水気を飛ばし、木ベラかマッシャーで粗くつぶす。
3　マヨネーズと生クリームを混ぜ合わせ、2と合わせる。半熟卵も加え、つぶしながらさっと和える。
4　器に1のグリーンアスパラガスを盛り付けて3をかけ、パルミジャーノ・レッジャーノ・チーズをふる。

にんじんとじゃがいもとグリーン アスパラガスのカレーマヨネーズサラダ

カレー粉を、ほんのりきかせたマヨネーズで。

材料（2人分）
ニンジン　70g
ジャガイモ（メークイン）　90g
グリーンアスパラガス　1本
ベーコン　10g
カレーマヨネーズ（作りやすい量）
├フレンチドレッシング
　（p.8「基本のフレンチドレッシング」参照）　20g
├カレー粉　少量
├ハチミツ　少量
├生姜（すりおろし）　2〜3g
├マヨネーズ　80g
└生クリーム　10g

1　ニンジンは皮をむいてゆでる。ジャガイモは皮つきのまま蒸して、皮をむく。それぞれ1.5cm角程度の大きさに切る。グリーンアスパラガスはゆでてから冷水にとり、1.5cm長さに切る。ベーコンは小角に切り、さっと沸騰湯に通す。
2　カレーマヨネーズを作る。材料を上から順に合わせる（泡立て器を使うとカレー粉が混ざりやすい）。
3　1に2の1/2量を加えて合わせる。

グリーンアスパラガスと新玉ねぎの オレンジマヨネーズ

ほんのりとしたオレンジの風味が爽やか。

材料（1人分）
グリーンアスパラガス　1本
新玉ネギ　適量（好みの量）
ソラ豆　適量（好みの量）
むきエビ　小3尾
オレンジの果肉（房からとり出したもの）　1/4個分
オレンジマヨネーズ
├マヨネーズ　30g
├オレンジの果汁　1/4個分
├塩、コショウ　各適量
└生クリーム（好みで）　適量

1　グリーンアスパラガスは根元の固い部分をとり除き、ゆでてから冷水にとる。水気をとり、4〜5等分の斜め切りにする。新玉ネギは8等分のくし形に切る。ソラ豆はゆでて冷水にとり、皮をむく。エビはさっとゆでる。
2　オレンジマヨネーズを作る。オレンジの果汁を絞り、マヨネーズに加えて混ぜ合わせ（好みで生クリームを加えてもよい）、塩、コショウで味を調える。
3　1をオレンジマヨネーズでさっと和え、オレンジの果肉とともに器に盛る。

CUCUMBER & OTHERS | きゅうり Mix サラダ

じゃがいもやトマトと並び、サラダによく使われる野菜のきゅうり。
シャリッとした食感と、ちょっとした青くささが特徴ですから、これを生かす使い方をしましょう。

ひめきゅうりと黒オリーブのサラダ

とろとろ卵ときゅうりとトマトと
じゃがいものサラダ

いか、きゅうり、うどの
レモンドレッシング

セロリときゅうりのブルーチーズソース

夏野菜のサラダ　バルサミコドレッシング

ひめきゅうりと黒オリーブのサラダ

ひめきゅうりは、10cm程度の小さなきゅうり。やわらかくておいしい。

材料(2、3人分)
ヒメキュウリ 150g
塩 適量
春菊の葉 適量
A
├フレンチドレッシング
│ (p.8「基本のフレンチドレッシング」参照) 30g
├黒オリーブ(半分に切り、つぶす) 10g
├玉ネギ(みじん切り) 10g
└トマト(小角切り) 20g

1 ヒメキュウリは半分に斜め切りにする。塩をして少しおき、出てきた水気をとる。
2 Aを混ぜ合わせる。皿に1と春菊の葉を盛り付け、Aをかける。

とろとろ卵ときゅうりとトマトとじゃがいものサラダ

とろとろの温泉卵とケチャップベースのドレッシングで、全体をまとめます。

材料(2、3人分)
卵 1個
ジャガイモ(メークイン。蒸して皮をむいたもの) 70g
トマト 50g
キュウリ 50g
玉ネギ 8g
スタッフドオリーブ 6個
ケッパー 20粒
塩 適量
A
├E.V.オリーブ油 10g
├ケチャップ 25g
├マヨネーズ 15g
├生クリーム 5g
├ニンニク(みじん切り) 少量
├イタリアンパセリ(みじん切り) 少量
├アサツキ(2cm幅に切る) 少量
└塩、コショウ 各適量

1 温泉卵を作る。鍋にたっぷりの湯を沸かし、沸騰したら火を止めて、1割ほどの水を入れて温度を下げ、卵(常温)を入れて蓋をする。10分ほど経ったら冷水にとって冷ます。
2 蒸して皮をむいたジャガイモは2cm角ほどに切り、トマトは5mm角ほどに切る。キュウリは1cm角ほどに切って塩をする。玉ネギはみじん切りにして水にさらし、水気をよく切る。
3 Aの材料を混ぜ合わせ、殻をむいた1の温泉卵、2、スタッフドオリーブ、ケッパーを加えて和える。

セロリときゅうりのブルーチーズソース

セロリやきゅうりと相性のいいブルーチーズを
ソースに。ワインのおつまみにもぴったり。

材料(2、3人分)
キュウリ　100g
セロリ　80g
ブルーチーズソース
├ ブルーチーズ(フルムダンベールなど)　20g
├ マヨネーズ　20g
├ 玉ネギ(みじん切り)　20g
├ 生ハム(みじん切り)　10g
├ E.V.オリーブ油　10g
└ レモン果汁　10g
塩、コショウ　各適量
レモンの皮(すりおろし)　少量

1　キュウリは皮をむき、斜め薄切りにする。セロリは筋をとり、細切りにする。それぞれ塩をふる。
2　ブルーチーズソースの材料を混ぜ合わせ塩、コショウをする。
3　水気をとった**1**に**2**を加えてさっと合わせ、レモンの皮のすりおろしをふる。

いか、きゅうり、うどの レモンドレッシング

いろいろな素材の歯応えを楽しみます。

材料(2、3人分)
イカ(胴)　30g
キュウリ　40g
ウド(軟化ウド)　50g
トマト　60g
玉ネギ　5g
塩　適量
レモンドレッシング
├ レモン果汁　15g
├ E.V.オリーブ油　15g
└ 塩、黒コショウ　各適量

1　イカはグリルで表面をさっと焼き、1cm幅に切る。
2　キュウリ、ウド、トマトは1〜1.5cm角に切る。キュウリとウドは塩をしておく。玉ネギはみじん切りにして水にさらす。それぞれの野菜の水気をとる。
3　レモンドレッシングの材料を混ぜ合わせて**1**、**2**と合わせる。

夏野菜のサラダ バルサミコドレッシング

オリーブや生ハムで味にメリハリを。

材料(2人分)
トマト　50g
キュウリ　40g
パプリカ(赤・黄)　計50g
玉ネギ　少量
生ハム　10g
黒オリーブ　2個
緑オリーブ　2個
塩　適量
パルミジャーノ・レッジャーノ・チーズ(すりおろし)
　適量
バルサミコドレッシング
├ バルサミコ酢、E.V.オリーブ油　各適量(1:1の割合)
├ ニンニク(みじん切り)　少量
└ 塩、コショウ　各適量

1　トマトは皮つきのまま6〜8等分に切る(大きさによる)。キュウリは2cm幅のイチョウ切りにする。パプリカは一口大に切る。玉ネギはスライスする。キュウリとパプリカは切ってから塩をし、出てきた水気をとる。生ハムは一口大に切る。黒、緑オリーブは半分に切る。
2　バルサミコドレッシングの材料を混ぜ合わせる。
3　**1**と**2**を合わせて器に盛り、パルミジャーノ・レッジャーノ・チーズをかける。

キャベツとセロリといかのサラダ

キャベツとセロリと鶏胸肉のサラダ

CABBAGE | キャベツのサラダ

キャベツのサラダといえばコールスローですが、ここでは一味違うサラダをご紹介します。

キャベツと粗挽きソーセージのサラダ

赤キャベツの甘酢サラダ

赤キャベツとリンゴとクレソンのサラダ

合わせる素材は鶏肉、魚介、ソーセージなどさまざま。

ゆでキャベツと帆立の燻製のサラダ

キャベツとセロリといかのサラダ

和の食卓にも、お酒にも合うサラダ。

材料(2、3人分)
キャベツ　120g
セロリ　60g
イカ(生)　50g
塩、コショウ　各適量
フレンチドレッシング
　(p.8「基本のフレンチドレッシング」参照)　30g
イタリアンパセリ　少量

1　キャベツと軽く筋をとったセロリはせん切りにして塩をする。イカは皮をむき、塩、コショウをしてさっと蒸し、小角切りにする。
2　1のキャベツとセロリの水気をとり、フレンチドレッシングと合わせて皿に盛る。1のイカとイタリアンパセリを散らす。

キャベツとセロリと鶏胸肉のサラダ

鶏肉を加えれば、1品でおかずになるボリュームに。

材料(2人分)
鶏胸肉　60g
キャベツ　100g
セロリ　50g
シイタケ(鮮度がよく質のよいもの)　10g
塩　適量
A
├米酢　20g
├ハチミツ　少量
├サラダ油　10g
└塩、コショウ　各適量

1　鶏胸肉は塩をし、水気をとり、熱したフライパンに皮目から入れて焼く。両面焼いて火が通ったら、一口大に切る。
2　キャベツと軽く筋をとったセロリはそれぞれせん切りにして塩をし、水気をとる。シイタケは生のままみじん切りにする。
3　1、2にAを加えて混ぜ合わせる。

キャベツと粗挽きソーセージのサラダ

炒めた粗挽きソーセージを油ごと加えて。

材料(2、3人分)
キャベツ(せん切り)　160g
キュウリ(小角切り)　30g
粗挽きソーセージ　40〜50g
フレンチドレッシング
　(p.8「基本のフレンチドレッシング」参照)　35〜40g
マスタード　適量
サラダ油、塩　各適量
パセリ(みじん切り)　少量

1　粗挽きソーセージは一口大にちぎる。サラダ油を敷いたフライパンでカリッと炒める。
2　キャベツ、キュウリを合わせて塩を少量ふり、出てきた水分をとった後、1を油ごと加えて混ぜ合わせる。
3　フレンチドレッシングにマスタードを好みの量加え、2に加えてさっと和える。器に盛り、パセリをふる。

赤キャベツとリンゴとクレソンのサラダ

クレソンの苦みがおいしい、
ちょっと大人のキャベツサラダ。

材料（2、3人分）
赤キャベツ　70g
リンゴ　20g
クレソン　35g
ベーコン　20g
フレンチドレッシング
　（p.8「基本のフレンチドレッシング」参照）　20g
クルミ　4〜5個
塩、黒コショウ　各適量

1　赤キャベツはせん切りにして塩をする。リンゴは皮つきのままイチョウ切りにする。クレソンはちぎっておく。ベーコンは短冊切りにしてフライパンでカリカリに焼いておく。
2　赤キャベツとリンゴをフレンチドレッシングで合わせて器に盛る。クレソン、カリカリベーコン、砕いたクルミを上にのせて黒コショウをふる。

赤キャベツの甘酢サラダ

炒めたベーコンを、油ごと加えて味を馴染ませます。

材料（2、3人分）
赤キャベツ　180g
赤玉ネギ　30g
塩　適量
ベーコン　30g
甘酢
├ 酢　40ml
├ サラダ油　20ml
├ ハチミツ　10g
└ 塩、コショウ　各適量

1　赤キャベツと赤玉ネギはせん切りにして塩を少量ふり、しばらくおいて水気をよく切る。
2　ベーコンは5mm幅に切り、フライパンでカリカリに炒める。
3　甘酢の材料を混ぜ合わせて**1**と合わせる。**2**を油ごと加えて混ぜる。

ゆでキャベツと帆立の燻製のサラダ

甘いキャベツを帆立の燻製や紅タデで
引き締めます。

材料（2人分）
キャベツ　2〜3枚
ホタテの燻製　1〜2個
フレンチドレッシング
　（p.8「基本のフレンチドレッシング」参照）　適量
醤油　少量
生姜（すりおろし）　少量
紅タデ　少量

1　キャベツをゆでて冷水にとり、水気を切ってからせん切りにする。ホタテの燻製は縦にほぐす。
2　フレンチドレッシングに醤油と生姜のすりおろしを少量加えて混ぜ合わせる。
3　皿に**1**のキャベツを敷き、ホタテの燻製をのせ、**2**をかける。紅タデを散らす。

レタスとカリカリベーコンのサラダ

LETTUCE | レタス、サラダ菜のサラダ

シャリシャリした歯応えがおいしいレタス、わずかな苦みが特徴のサラダ菜。
これらを主役に持ち味を存分に生かすなら、合わせる素材はシンプルに。

レタスとスモークサーモンの
オリーブクリームソース

レタスと生うどと
やしお鱒の軽い燻製のサラダ

いちごとレタスのサラダ
バルサミコドレッシング

レタスとカリカリベーコンのサラダ

さっぱりとしたレタスに、チーズやベーコン、黒コショウでアクセントをつけます。

材料（1、2人分）
レタス　1/2個
ベーコン（厚切り）　40g
A
├マヨネーズ　20g
├フレンチドレッシング
│　（p.8「基本のフレンチドレッシング」参照）　40g
├生クリーム　20g
└緑オリーブ（みじん切り）　1個分
黒コショウ　適量
パルミジャーノ・レッジャーノ・チーズ（すりおろし）
　適量

1　縦半分に切ったレタスを皿に盛る。
2　厚切りのベーコンはフライパンでカリカリに焼き、1.5cm角程度に切る。
3　Aを混ぜ合わせて**1**にかける。**2**を散らし、黒コショウ、パルミジャーノ・レッジャーノ・チーズをかける。

レタスとスモークサーモンのオリーブクリームソース

オリーブ油に生クリームを加えた軽いソースで。

材料（2人分）
レタス（くし形切り）　約1/4個
スモークサーモン　50（〜40）g
黒コショウ　適量
オリーブクリームソース
│　（作りやすい量。使用量は30〜40g）
├E.V.オリーブ油　30g
├塩、コショウ　各適量
├レモン果汁　適量
└生クリーム（または牛乳）　40g
玉ネギ（スライス）　少量
レモンの果肉　少量

1　スモークサーモンは1.5cm角に切り、黒コショウをかける。
2　オリーブクリームソースを作る。E.V.オリーブ油、塩、コショウ、レモン果汁を混ぜ合わせてから生クリームを加える（生クリームは最後に入れないと分離する）。
3　皿にレタスと**1**のサーモン、玉ネギのスライスを盛り付け、**2**をかける。小さく切ったレモンの果肉をのせる。

レタスと生うどと
やしお鱒の軽い燻製のサラダ

レタスとうどとやしお鱒（またはスモークサーモン）
を層にして盛り付けます。

材料（2、3人分）
レタス（くし形切り）　1/6個
ヤシオマスの燻製（スモークサーモンでもよい）　40g
ウド（軟化ウド）　40g
レモン果汁　レモン1個分
レモンドレッシング
　（レモン果汁とE.V.オリーブ油を1:1で合わせ、塩、
　コショウで味を調える）　適量
パルミジャーノ・レッジャーノ・チーズ（すりおろし）
　適量
黒コショウ　適量

1　レタスは葉をはずす。ウドは縦に薄切りにし、レモン果汁を加えた水にさらす。
2　レタス、ウド、ヤシオマスをミルフィーユ状に軽く重ねてざく切りにし、サンドイッチのように並べて盛り付ける。レモンドレッシングをかけ、パルミジャーノ・レッジャーノ・チーズと黒コショウをかける。

いちごとレタスのサラダ
バルサミコドレッシング

レタスといちごのユニークな組み合わせ。
バルサミコ酢はいちごと相性がいい。

材料
レタス　適量
イチゴ　適量
新玉ネギ　少量
バルサミコドレッシング
　（バルサミコ酢とE.V.オリーブ油を1:1で合わせ、
　塩、コショウで味を調える）　適量

1　レタスは洗って水気をよく切り、一口大にちぎる。イチゴはヘタをとり、縦半分に切る。新玉ネギは薄くスライスする。
2　器に**1**を盛り付け、バルサミコドレッシングをかける。

揚げレタスとうどのポン酢ドレッシング

グリーンミックスサラダ　ブルーチーズ風味

サラダ菜のレモンクリームドレッシング

サラダ菜のレモンドレッシング　ブルーチーズ風味

アンディーブとトマトと鯛のサラダ

アンディーブとスモークサーモンのサラダ

CHICORY | アンディーブのサラダ

アンディーブのおいしさは、何といってもその苦み。
火を入れても、生でもおいしく食べられる野菜ですが、サラダにするならフレッシュで。
その苦みをぜひ楽しんでください。えびやサーモンなどの魚介と相性がいいのも特徴です。

アンディーブとシュリンプのオリーブクリームソース

揚げレタスとうどのポン酢ドレッシング

レタスは油でさっと揚げると食感が変わり、
色も鮮やかに。

材料（1、2人分）
レタス（小さめ） 1/2個
揚げ油（サラダ油） 適量
ウド（軟化ウド） 30g
ポン酢ドレッシング
├ポン酢、おろし生姜、塩 各適量
├オリーブ油 少量
└＊材料を好みの割合で混ぜ、塩で味を調える。
白ゴマ（煎りゴマ） 適量

1 縦半分に切ったレタスは油で揚げ、冷水にとって冷まし、水気をよく切る。
2 ウドは皮をむき、せん切りにして水にさらす。
3 皿に**1**を盛り付けて**2**をのせ、ポン酢ドレッシングをかけて白ゴマをふる。

サラダ菜のレモンクリームドレッシング

爽やかなレモンクリームでシンプルに。

材料（1、2人分）
サラダ菜 1/2個
レモンドレッシング
　（レモン果汁とE.V.オリーブ油を1：1で合わせ、塩、
　コショウで味を調える） 適量
生クリーム 少量
ミモレットチーズ（チーズおろしで薄く削ったもの）
　少量
アーモンド（ローストして粗くつぶす） 少量

1 縦半分に切ったサラダ菜を皿に盛る。
2 レモンドレッシングに生クリームを少量加えてさっと混ぜ、**1**にかける。ミモレットチーズとアーモンドを散らす。

グリーンミックスサラダ
ブルーチーズ風味

ポテトフライがおいしいアクセント。

材料
グリーンミックス（好みの葉野菜いろいろ。レタス類、
　サラダ菜、ベビーリーフなど） 適量
ジャガイモ 適量
揚げ油（サラダ油）、塩 各適量
A
├マヨネーズ 15g
├フレンチドレッシング（p.8「基本のフレンチドレッ
│　シング」参照） 少量（10g弱）
├牛乳 10g
└塩、黒コショウ 各適量
ブルーチーズ（フルムダンベール） 10g

1 グリーンミックスは食べやすい大きさにちぎる。
2 ジャガイモは1個を縦8〜10等分のくし形に切り、素揚げして塩をする。
3 器に**1**、**2**を盛り付け、混ぜ合わせたAをかけ、ブルーチーズをちぎって散らす。

サラダ菜のレモンドレッシング
ブルーチーズ風味

ブルーチーズとクルミでアクセント。

材料（1、2人分）
サラダ菜 1/2個
レモンドレッシング
　（レモン果汁とE.V.オリーブ油を1：1で合わせ、塩、
　コショウで味を調える） 適量
ブルーチーズ（フルムダンベール） 20〜30g
クルミ（生） 1〜2個

1 ブルーチーズとクルミは小さく刻んでおく。
2 皿に縦半分に切ったサラダ菜を盛り、レモンドレッシングをかけ、ブルーチーズ、クルミを散らす。

アンディーブとトマトと鯛のサラダ

鯛以外の白身魚でも。

材料（1、2人分）
アンディーブ　50g
トマト　30g
タイ（または他の白身魚。刺身用）　20g
塩　適量
ヴィネグレットソース
　（p.8「基本のヴィネグレットソース」参照）　20g
セルフィーユ（粗みじん切り）　適量

1　アンディーブは葉を1枚ずつ根元から切り分ける（色が変わりやすいので切ったらすぐに使用する）。
2　トマトは皮を湯むきして小角切りにする。
3　タイは1〜1.5cm角に切り、塩をする。
4　皿に**1**、**2**、**3**を盛り付け、ヴィネグレットソースをかける。セルフィーユを散らす。

アンディーブとスモークサーモンのサラダ

シンプルで相性のいい組み合わせ。

材料（2人分）
アンディーブ　1個
スモークサーモン　60g
A
├赤ワインヴィネガー、E.V.オリーブ油
│　各適量（1：1の割合）
├スタッフドオリーブ（粗みじん切り）　2個分
├塩、コショウ　各適量
└＊混ぜ合わせる。

1　アンディーブは1枚ずつ葉をはがす。スモークサーモンは5mm角に切る。
2　皿に**1**を盛り付け、Aをかける。

アンディーブとシュリンプのオリーブクリームソース

ディルが爽やかです。

材料（2、3人分）
アンディーブ（はがした葉）　10枚（約80g）
エビ（むきエビ）　30〜40g
オリーブクリームソース
　（作りやすい量。使用量は30g程度）
├E.V.オリーブ油　30g
├塩、コショウ　各適量
├レモン果汁　適量
└生クリーム　40g
ディル　少量

1　アンディーブは根元のほうから半分程度を横1cm幅のせん切りにする。葉はそのまま使う。
2　エビはさっとゆでて1.5cm幅程度に切る。
3　オリーブクリームソースはE.V.オリーブ油、塩、コショウ、レモン果汁を混ぜ合わせてから生クリームを加える。
4　アンディーブの根元側のせん切りと**2**のエビ、**3**を混ぜ合わせる。
5　皿にアンディーブの葉を敷き、その上に**4**を盛り付けてディルを散らす。

和グリーン野菜の温サラダ

GREEN LEAVES | 青菜のサラダ

濃い緑色の葉野菜は、健康のためにもたくさん摂りたいもの。
たっぷりと食べられるサラダを作りました。

菜の花のピーナッツ
マスタードマヨネーズ

にらと鶏唐揚げのサラダ

白菜と豚薄切り肉のポン酢サラダ

NAPA CABBAGE | 白菜のサラダ

漬け物や鍋ではお馴染みの白菜を、サラダにしました。火は入れすぎないよう注意してください。
やわらかい部分は生でも甘みがあり、おいしく食べられます。

白菜と秋刀魚のサラダ　生ハムの香り

和グリーン野菜の温サラダ

ピーナッツとシラスでアクセント。

材料
グリーン野菜（カラシ菜、小松菜、春菊、ホウレン草
　などを数種。好みの割合で）　適量
オリーブ油、塩　各適量
ピーナッツ（粗く刻む）　少量
フレンチドレッシング
　（p.8「基本のフレンチドレッシング」参照）　適量
シラス　適量

1　グリーン野菜を食べやすい大きさに切り、塩を
　　して混ぜる。フライパンにオリーブ油を敷いた
　　ところに入れてさっと炒め、バットなどに広げ
　　て粗熱をとる。
2　1を皿に盛り、刻んだピーナッツ、フレンチド
　　レッシング、シラスを全体にかける。
＊　熱々ではなく自然に冷ました状態がおいしい。

にらと鶏唐揚げのサラダ

唐揚げを使ったユニークなサラダ。

材料（1、2人分）
ニラ　7〜8本
長ネギ　少量
鶏肉（モモ肉や胸肉）　80g
塩　適量
ピーナッツ（刻む）　適量
シイタケ（みじん切り）　適量
卵白　適量
小麦粉　適量
揚げ油（サラダ油）　適量
フレンチドレッシング
　（p.8「基本のフレンチドレッシング」参照）　適量

1　ニラは5〜6cm長さに切る。長ネギはニラに合
　　わせた長さのせん切りにする。
2　鶏肉は小さめの一口大に切り、塩をしておく。
3　刻んだピーナッツとシイタケを混ぜ合わせて、
　　2の鶏肉の水分をとってから全体にまぶしつ
　　け、ぎゅっと押さえて密着させる。
4　卵白、小麦粉、水を適量ずつ合わせて衣とし、
　　3をくぐらせて、熱した油に入れて火が通るま
　　で揚げる。
5　4が熱いうちに1のニラ、長ネギと混ぜ合わせ
　　て器に盛り、フレンチドレッシングをかける。

菜の花の
ピーナッツマスタードマヨネーズ

マヨネーズに、ピーナッツのピュレとマスタードを
加えるピーナッツマスタードマヨネーズ。
菜の花の苦みによく合います。

材料（2人分）
菜の花　1/2把（約100g）
ピーナッツマスタードマヨネーズ
├マヨネーズ　40g
├ハチミツ　5g
├マスタード　10g
├牛乳　15g
└ピーナッツ（ゆでてからミキサーでピュレ状にする）
　　10g
塩、コショウ　各適量
白ゴマ（煎りゴマ）　適量

1　菜の花はゆでてから冷水にとり、水気を切り、
　　食べやすい大きさに切る。
2　ピーナッツマスタードマヨネーズの材料を混ぜ
　　合わせ塩、コショウをする。
3　皿に1を盛り、2をかける。白ゴマをふる。

白菜と豚薄切り肉のポン酢サラダ

白菜はオーブンで軽く焼いて味を凝縮させます。

材料（2、3人分）
白菜（大きめ）　3枚
シシトウ　3本
豚薄切り肉　100g
A
├ ポン酢　30g
├ サラダ油　10g
└ 塩　適量

1　白菜は室内に数時間干して軽く水分を飛ばした後、オーブンでさっと焼いて、せん切りにする。
2　シシトウはグリルで焼き、縦に細切りにする。
3　豚薄切り肉はさっとゆでて一口大に切る。
4　1、2、3とAを混ぜ合わせる。

白菜と秋刀魚のサラダ　生ハムの香り

白菜は、生のまま塩をして、少ししんなりさせて使用します。

材料（2人分）
サンマ（三枚におろしたもの）　半身
白菜（中心部分）　100g
ゆで卵　1個
生ハム　1枚
塩　適量
ヴィネグレットソース
　（p.8「基本のヴィネグレットソース」参照）　40g
イタリアンパセリ（みじん切り）　少量

1　サンマは半身の状態でグリルで焼き、一口大に切る。
2　白菜は1枚ずつはがしてから塩をする。出てきた水気をとる。
3　ゆで卵と生ハムは1〜2cm角程度に粗めに切る。
4　1、2、3を皿に盛り付け、ヴィネグレットソースをかける。細かく切ったイタリアンパセリを散らす。

サーモンマリネと大根のサラダ

大根としめじとまいたけのサラダ

DAIKON RADISH & TURNIP | 大根、かぶのサラダ

薄切りの大根サラダは、合わせる素材を変えながら、もう何年も作り続けている定番です。特有の青く

ゆで大根と豚肉の辛みサラダ

大根とわかめと白いきのこのサラダ

白い野菜〜れんこん、大根、じゃがいも〜といかの揚げサラダ

ささを除くのが、おいしく作るコツ。軽く火を入れた大根やかぶを使ったサラダも合わせてご紹介します。

**かぶとじゃがいもと卵の
ブルーチーズドレッシング**

かぶとえびのゆでサラダ

サーモンマリネと大根のサラダ

大根は、ジューシーで辛みの少ないものがサラダには適しています。

材料（2人分）
大根　120g
サーモンマリネ（スモークサーモン）　40g
塩　適量
フレンチドレッシング
　（p.8「基本のフレンチドレッシング」参照）　25g
アサツキ（小口切り）　適量

1　大根は4～5cm長さに切って皮をむき、縦に1cm程度の厚さに切る。幅の狭い側にスライサーを当て、厚さ2mm程度の短冊状に切る。塩を少量ふって混ぜ合わせ、冷蔵庫に1～2時間置いて、出た水分をよくとる。
2　サーモンマリネは小角切りにする。
3　1、2をフレンチドレッシングで和えて器に盛り、アサツキを散らす。

大根としめじとまいたけのサラダ

素揚げしたきのこが香ばしい

材料（2、3人分）
大根　150g
シメジ　30g
マイタケ　30g
ホウレン草　適量
塩、コショウ、揚げ油（サラダ油）　各適量
フレンチドレッシング
　（p.8「基本のフレンチドレッシング」参照）　適量

1　大根は4～5cm長さに切って皮をむき、縦に1cm程度の厚さに切る。幅の狭い側にスライサーを当て、厚さ2mm程度の短冊状に切る。塩を少量ふって混ぜ合わせ、冷蔵庫に1～2時間置いて、出た水分をよくとる。
2　シメジとマイタケはさっと素揚げして塩、コショウをふる。
3　ホウレン草はゆでてから冷水にとり、水気を切り、粗めに刻む。
4　1、2、3を合わせてフレンチドレッシングで和える。

ゆで大根と豚肉の辛みサラダ

フレンチドレッシングに豆板醤を少量加え、辛みをきかせています。

材料（2人分）
大根　100g
豚薄切り肉（しゃぶしゃぶ用）　35g
モロッコインゲン　1～2本
アサツキ　1本
フレンチドレッシング
　（p.8「基本のフレンチドレッシング」参照）　30g
豆板醤　少量（好みの辛さ）

1　大根は皮をむいて一口大の角切りにし、火が通るまでゆでる。
2　豚肉はさっとゆでて食べやすい大きさに切る。
3　モロッコインゲンはゆでてから冷水にとる。水気を切り、1.5～2cm幅に切る。アサツキは1cm幅に切る。
4　フレンチドレッシングに豆板醤を少量加える。
5　1～4を合わせる。

大根とわかめと白いきのこのサラダ

はなびらたけは、花が咲いたように見える、白いきのこです。

材料（2人分）
大根　90g
ハナビラタケ　20g
ワカメ（生）　20g
フレンチドレッシング
　（p.8「基本のフレンチドレッシング」参照）　30g

1　大根は皮をむいて一口大の角切りにし、軽く火が通るまでゆでて、冷水にとり、冷えたら水気をとる。
2　ハナビラタケはさっとゆでる。ワカメは一口大に切る。
3　1、2をフレンチドレッシングで和える。

かぶとじゃがいもと卵の
ブルーチーズドレッシング

ブルーチーズが大人の味わい。

材料（1、2人分）
インゲン　5本
カブ　60g
ジャガイモ　50g
菜の花　20g
半熟卵（固め）　2/3個
アンチョビ　2枚
ブルーチーズドレッシング
　┌ ブルーチーズ（フルムダンベール。小さく切る）
　│　10g
　└ フレンチドレッシング（p.8「基本のフレンチドレッシング」参照）　20g

1. インゲン、菜の花はゆでてから冷水にとり、3〜4cm長さに切る。カブは皮をむき、ゆでてからくし形に切る。ジャガイモは皮をむき、水から入れてゆで、少しつぶして崩す。
2. 半熟卵は縦6〜8等分のくし形に切る。アンチョビは小さめにちぎる。
3. ブルーチーズドレッシングの材料を混ぜ合わせる。器に**1**、**2**を盛り付け、ドレッシングをかける。

白い野菜
〜れんこん、大根、じゃがいも〜と
いかの揚げサラダ

歯応えの違う3種の白い野菜を、
いかと合わせてサラダに。

材料（2、3人分）
レンコン　20g
大根　50g
ジャガイモ　60g
イカ（胴）　20g
イカ（ゲソ）　20g
春菊（葉）　少量
揚げ油（サラダ油）、塩　各適量
フレンチドレッシング
　（p.8「基本のフレンチドレッシング」参照）　15g
醤油　少量

1. レンコンは1.5cm幅に切り、皮をむき、食べやすい大きさの乱切りにする。大根、ジャガイモは皮をむき、1.5cm角に切る。大根は塩をして水気をとっておく。イカの胴も1.5cm角に切る。
2. **1**をそれぞれ素揚げし、油を切って塩をする。
3. イカゲソはゆでて食べやすい大きさに切る。春菊はゆでてから冷水にとり、細かく刻む。
4. フレンチドレッシングに醤油を少量加え、**2**、**3**を加えて合わせる。

かぶとえびのゆでサラダ

かぶのゆで加減がポイントです。
あまり火を入れすぎないように。

材料（1、2人分）
カブ（葉つき）　1〜2個
むきエビ　小3尾
ロースハム　15g
レモンドレッシング
　（レモン果汁とE.V.オリーブ油を1：1で合わせ、塩、コショウで味を調える）　適量

1. カブは茎を3cmほど残して葉を切り落とし、皮をむく。6〜8等分のくし形に切り、ゆでる。切り落としたカブの葉と茎はゆでてから冷水にとり、細かく刻む。エビはゆでてから5等分程度に切り、粗くつぶす。ロースハムはみじん切りにする。
2. 刻んだカブの茎と葉、ロースハムをレモンドレッシングと合わせる。
3. 器にゆでたカブとエビを盛り付け、**2**をかける。

焼きねぎとチョリソーのサラダ　　　　　　　　　長ねぎのゆでサラダ

ONION | 長ねぎ、玉ねぎのサラダ

火を入れると、苦みが消えて甘みが出るのがねぎ類の特徴です。
シャキシャキ感は残しつつ、上手に火を入れて使いましょう。お酒のお供にも。

温かい新玉ねぎとモッツァレラチーズのサラダ	ムール貝とアサツキのカレー風味
赤ねぎのフレンチ味噌ドレッシング	ムール貝とアサツキのヴィネグレットソース

焼きねぎとチョリソーのサラダ

ねぎはグリルで焼いて、
ダイナミックに盛り付けました。

材料（2、3人分）
長ネギ　2本
チョリソーソーセージ　1～2本（好みの量）
シイタケ（小さめ）　1個
春菊の葉　少量
オリーブ油、塩　各適量
A
├バルサミコ酢　大さじ1/2
├赤ワインヴィネガー　大さじ1/2
├E.V.オリーブ油　大さじ1
├塩、コショウ　各少量
└＊混ぜ合わせる。

1　長ネギは根元を切り落として1/2～1/3の長さに切り、グリルで焼く。
2　チョリソーソーセージをフライパンで焼き、ほぐすように切る。
3　シイタケはオリーブ油で焼いてから塩をし、粗みじんに切る。
4　春菊の葉はオリーブ油でさっと炒めて塩をし、粗みじんに切る。
5　1～4を器に盛り付け、Aを全体にかける。

長ねぎのゆでサラダ

ゆでたねぎは、焼きねぎとはまた違った
おいしさです。

材料（2、3人分）
長ネギ　1～2本
ベーコン（ゆでて短冊切りにする）　適量
スプラウト　適量
塩　適量
ヴィネグレットソース
　（p.8「基本のヴィネグレットソース」参照）　適量

1　長ネギは根元を切り落として半分の長さに切り、少し塩を加えた湯でよくゆでる。
2　1を5～6cm長さに切って皿に盛り、ゆでたベーコンを散らす。ヴィネグレットソースをかけ、スプラウトを散らす。

温かい新玉ねぎと
モッツァレラチーズのサラダ

甘い新玉ねぎとクリーミィなモッツァレラの
組み合わせ。バルサミコドレッシングが味を
引き締めます。

材料（1人分）
新玉ネギ　1/2個
モッツァレラチーズ　50g
生クリーム　10g
コッパ（p.14参照）　1枚
バルサミコドレッシング
　（バルサミコ酢とE.V.オリーブ油を1：1で合わせ、
　塩、コショウで味を調える）　20g

1　新玉ネギは蒸してから大きめのくし形に切り、器に盛る。
2　モッツァレラチーズと少し温めた生クリームを混ぜ合わせ、**1**にかける。
3　ちぎったコッパを散らし、バルサミコドレッシングをかける。

赤ねぎのフレンチ味噌ドレッシング

赤ねぎは、白い部分が赤いねぎの品種。辛みもなく、食べやすいねぎです。加熱すると赤みは薄くなります。

材料（1人分）
赤ネギ　1本
塩　適量
フレンチ味噌ドレッシング
├ 味噌　5g
├ 柚子の皮のコンフィチュール（ジャム。市販）　10g
├ フレンチドレッシング
│　（p.8「基本のフレンチドレッシング」参照）　30g
└ ＊味噌の濃度により水を加えて調整する。

1　赤ネギは根元を切り落として半分の長さに切り、少し塩を加えた湯でゆでる。冷水にとり、水気をとってから5～6cm長さに切って器に盛る。
2　フレンチ味噌ドレッシングの材料を混ぜ合わせて**1**にかける。

ムール貝とアサツキのカレー風味

カレー風味のマヨネーズソースには、ハチミツの甘みを少し加えるとバランスがよくなります。

材料（2人分）
ムール貝　10個
アサツキ　1/4把
トマト（小角切り）　少量
A
├ マヨネーズ　20（～30）g
├ カレー粉　少量
├ ハチミツ　3（～5）g
├ 生クリーム　6（～12）g
├ ムール貝の蒸し汁　適量（大さじ1程度）
└ 塩　適量

1　鍋に少量の水を入れてムール貝を並べ、蓋をして蒸し煮する。殻が開いたらとり出し、殻から身をはずす（蒸し汁はとりおく）。
2　アサツキはさっとゆでて冷水にとる。水気をとり、1/3～1/4の長さに切る（いろいろな長さがあってよい）。
3　Aを混ぜ合わせる（ムール貝の蒸し汁は濃度をみながら量を調整する）。
4　器に**1**、**2**、トマトを盛り付け、**3**をかける。

ムール貝とアサツキのヴィネグレットソース

アサツキは、食感が残るようにさっとゆでてください。

材料（2人分）
ムール貝　10個
アサツキ　1/4把
ヴィネグレットソース
　（p.8「基本のヴィネグレットソース」参照）　適量

1　鍋に少量の水を入れてムール貝を並べ、蓋をして蒸し煮する。殻が開いたらとり出し、殻から身をはずす（蒸し汁はとりおく）。
2　アサツキはさっとゆでて、冷水にとる。
3　皿に水気をとった**2**を敷き、**1**をのせる。
4　ヴィネグレットソースとムール貝の蒸し汁を混ぜ合わせて味を調え、**3**にかける。

しいたけと里いものサラダ

TARO | 里いものサラダ

ねっとりとした食感は、じゃがいもとはまた違った独特のもの。
煮物以外の使い方が新鮮です。

小いものオニオンカラメリゼ

里いもとにんじんとれんこんと
ローストチキンのサラダ

うどとしいたけのグリル
レバードレッシング

うどと白身魚のマリネ

UDO WILD GREENS │ うどのサラダ

栃木県は日本でも有数のうどの産地。スーパーマーケットにも並ぶ栽培のうど（軟化うど）は、クセも少なく比較的使いやすいものです。繊維質が多く、しっかりとした歯応えが特徴。

うどとしめじのサラダ

しいたけと里いものサラダ

ニンニクと黒コショウでアクセントをつけます。
温かいうちに食べてください。

材料（2人分）
シイタケ（大きめ） 1個
里イモ 小2個
フレンチドレッシング
　（p.8「基本のフレンチドレッシング」参照） 適量
ニンニク（スライスし、サラダ油で焼いたもの） 5枚
シブレット（1cm幅に切る） 2～3本分
黒コショウ 適量

1 シイタケは6～8等分に切り、グリルかテフロン加工のフライパンで、油を使わずに焼く（焼きすぎず、半生に近い程度がよい）。
2 里イモは蒸して（またはゆでて）皮をむき、シイタケと大きさを合わせて切る。
3 皿に**1**と**2**を盛り付け、フレンチドレッシングをかける。ニンニク、シブレットを散らし、黒コショウをかける。

小いものオニオンカラメリゼ

淡白な味わいの里いもに、しっかりした味の、
オニオンカラメリゼをプラス。
これも温かいうちにどうぞ。

材料（2、3人分）
里イモ（小） 140g
玉ネギとリンゴのカラメリゼ（p.30参照） 20g
フレンチドレッシング
　（p.8「基本のフレンチドレッシング」参照） 20g
クルミ（ローストしたもの） 適量

1 里イモは蒸してから皮をむく。
2 玉ネギとリンゴのカラメリゼとフレンチドレッシングを合わせる。
3 皿に**1**を並べて**2**をかける。砕いたクルミを散らす。

里いもとにんじんとれんこんとローストチキンのサラダ

根菜に、鶏モモ肉を加えたボリュームたっぷりのサラダ。

材料（2、3人分）
里イモ 70g
ニンジン 60g
レンコン 40g
鶏モモ肉 40g
塩、コショウ、サラダ油 各適量
アサツキ 1本
フレンチドレッシング
　（p.8「基本のフレンチドレッシング」参照） 40g
ディジョンマスタード 15g

1 里イモ、ニンジン、レンコンは皮をむき、それぞれゆでてから一口大に切る。
2 フライパンにサラダ油を敷き、塩、コショウをした鶏モモ肉を皮目から入れて焼く。火が通るまで両面を焼き、一口大に切る。
3 アサツキは小口切りにする。
4 フレンチドレッシングにディジョンマスタードを加え、**1**～**3**と合わせる。

うどとしいたけのグリル レバードレッシング

p.62でも使用したレバードレッシングを、和素材に合わせてみました。

材料（2人分）
ウド（軟化ウド）　80g
シイタケ　20g
塩、コショウ　各適量
レバードレッシング
　（p.62「カリフラワーのグリル」参照）　適量

1　ウドは薄皮をむき、グリルで転がしながら表面を焼いて塩、コショウをする。焼いた後に縦に2～3等分に切って皿に盛る。
2　シイタケもグリルで焼き塩、コショウをして粗みじんに切る。
3　レバードレッシングと2を混ぜ合わせて1のウドにかける。

うどと白身魚のマリネ

クセの少ない軟化ウドは、薄切りにして、生で食べてもおいしい。

材料
白身魚（スズキ）　適量
ウド（軟化ウド）　適量
塩　少量
レモンドレッシング（レモン果汁とE.V.オリーブ油を
　1：1で合わせ、塩、コショウで味を調える）　適量
シブレット（みじん切り）　適量

1　スズキは身幅を厚めに切り、角切りにする。塩を少量ふっておく。
2　ウドは薄皮をむき、帯状に薄く切り塩水に落とす。
3　1、2の水気をとり、皿に盛る。レモンドレッシングをかけてシブレットを散らす。

うどとしめじのサラダ

うどとしめじと春菊を、さっと炒めてからドレッシングで和えます。

材料（1、2人分）
ウド（軟化ウド）　80g
シメジ　30g
春菊　少量
オリーブ油　適量
塩　適量
フレンチドレッシング（p.8「基本のフレンチドレッシング」参照）　20～30g

1　ウドは薄皮をむき、6～7cm長さの短冊切りにする。
2　フライパンにオリーブ油を敷き、1のウド、シメジ、春菊をそれぞれさっと炒めて塩をする。
3　2とフレンチドレッシングを合わせる。

にんじんと鴨の燻製のサラダ

CARROT & BURDOCK ｜にんじん、ごぼうのサラダ

極細切りにして味を絡め、たっぷりと頬張りたいサラダ。
他のサラダと組み合わせたり、料理やパンに添えたりと、使いやすいサラダです。

ごぼうと鶏胸肉の味噌マヨネーズ和え

ごぼう、にんじん、鶏肉の中華風サラダ

FRUITS | フルーツのサラダ

フルーツをサラダにするなら、甘みを中和する素材を合わせるといいでしょう。
ここではイチジクに玉ねぎを、リンゴにセロリを合わせています。

イチジクと生ハムのマリネ　　　　**リンゴのサラダ　セロリヨーグルト**

にんじんと鴨の燻製のサラダ

上質な鴨の燻製は、見せて盛り付けると高級感が出ます。

材料（2人分）
ニンジン　100g
鴨の燻製（薄切り）　5枚（約20g）
塩　適量
ヴィネグレットソース
　（p.8「基本のヴィネグレットソース」参照）　25g
イタリアンパセリ（粗みじん切り）　少量

1　ニンジンは縦に薄く切ってから極細のせん切りにし、塩をする。出てきた水気をとる。
2　ヴィネグレットソースと**1**を混ぜ合わせて器に盛る。鴨の燻製をのせてイタリアンパセリを散らす。

ごぼうと鶏胸肉の味噌マヨネーズ和え

赤味噌を加えた味噌マヨネーズが、
ごぼうによく合います。

材料（1、2人分）
ゴボウ　60g
インゲン　4本
鶏胸肉　40g
味噌マヨネーズ
├マヨネーズ　30g
├フレンチドレッシング
　（p.8「基本のフレンチドレッシング」参照）　10g
├赤味噌　5g
└牛乳　5〜10g

1　ゴボウはささがきにし、水にさらしてからよく水気を切る。
2　インゲンはゆでてから冷水にとり、2〜3cm長さに切る。
3　鶏胸肉は蒸してから1.5cm角程度に切る。
4　味噌マヨネーズの材料を混ぜ合わせ、**1**、**2**、**3**と合わせる。

ごぼう、にんじん、鶏肉の中華風サラダ

フレンチドレッシングに豆板醤を少し加えています。

材料（1、2人分）
ゴボウ　30g
ニンジン　40g
鶏胸肉　40g
フレンチドレッシング
　（p.8「基本のフレンチドレッシング」参照）　30g
豆板醤　少量

1　ゴボウ、ニンジンは極細のせん切りにする。ゴボウは水にさらす。
2　鶏胸肉は蒸してからせん切りにする。
3　フレンチドレッシングに豆板醤を好みの量加えて混ぜ、**1**、**2**と合わせる。

イチジクと生ハムのマリネ

豚肉加工品と相性のいいイチジクは、料理にも使いやすいフルーツのひとつです。

材料（1人分）
イチジク　小1個（60g）
玉ネギ　10g
生ハム　1〜2枚
レモンの果肉　1/6〜1/8個分
A
├ バルサミコ酢、E.V.オリーブ油　各適量（1:1の割合）
├ 塩、黒コショウ　各適量
└ ＊軽く混ぜる。

1　イチジクは皮つきのまま4〜6等分のくし形に切る。玉ネギはスライスして水にさらし、水気をとる。生ハムは一口大に切る。レモンの果肉は5mm角程度に切る。
2　**1**を皿に盛り付け、Aをかける。

リンゴのサラダ　セロリヨーグルト

リンゴと相性のいいセロリをソースに。

材料（2、3人分）
リンゴ（皮つき）　180g
ハム　5〜10g
セロリヨーグルト
├ セロリ（すりおろし）　40g
├ ヨーグルト（プレーン）　30g
├ サラダ油　20g
└ 生クリーム　10g
塩、コショウ　各適量

1　リンゴは皮つきのまま一口大に切る。ハムはみじん切りにする。
2　セロリヨーグルトの材料をさっと合わせて塩、コショウをする。
3　器に**1**を盛り付け**2**をかける。

BEANS｜フレッシュ豆サラダ

グリーンピースや枝豆、空豆。フレッシュなグリーンの豆を使った、
春～夏の食卓にのせたいサラダ。

とうもろこしと枝豆とじゃがいもの
レモンマヨネーズ

とうもろこしと枝豆とじゃがいものサラダ
豆板醤風味

緑野菜とゆで卵のサラダ

とうもろこしと枝豆とじゃがいもの レモンマヨネーズ

枝豆のおいしい季節に作りたい。
レモン果汁を加えたマヨネーズが爽やかです。

材料（1、2人分）
ジャガイモ（男爵。蒸して皮をむいたもの） 30g
キュウリ 20g
トウモロコシ（蒸した実） 20g
枝豆 8サヤ
小エビ（むきエビ） 3尾
マヨネーズ 30g
シブレット（みじん切り） 適量
レモン果汁 適量
塩、コショウ 各適量

1 ジャガイモは蒸して皮をむき、小角切りにする。キュウリは小角切りにして塩をする。トウモロコシは蒸して実をはずす。枝豆はゆでて、サヤからとり出す。エビはさっとゆでて、2、3等分ほどに切る。
2 マヨネーズ、シブレット、レモン果汁を混ぜ合わせ塩、コショウをする。**1**と合わせる。

とうもろこしと枝豆とじゃがいもの サラダ 豆板醤風味

フレンチドレッシングに豆板醤を少し加えると、あっという間にピリ辛ソースのでき上がり。

材料（1、2人分）
ジャガイモ（メークイン） 30g
キュウリ 30g
トウモロコシ（蒸した実） 20g
枝豆 6サヤ
ベーコン 20g
フレンチドレッシング
　（p.8「基本のフレンチドレッシング」参照） 25g
玉ネギ（みじん切りにして水にさらす） 5g
豆板醤 好みの量
塩、コショウ 各適量

1 ジャガイモは蒸して皮をむき、小角切りにする（切って水からゆでてもよい）。キュウリは小角切りにして塩をする。トウモロコシは蒸して実をはずす。枝豆はゆでて、サヤからとり出す。ベーコンは小角に切り、さっと湯に通す。
2 フレンチドレッシング、玉ネギのみじん切り、豆板醤を混ぜ合わせ塩、コショウをする。**1**と合わせる。

緑野菜とゆで卵のサラダ

濃淡の緑に卵の黄色が美しい。

材料(2人分)
ソラ豆　4、5個
スナップエンドウ　6サヤ
グリーンピース　適量
グリーンアスパラガス(固い部分の皮をむき、斜め切りにする)
　1〜2本
レタス　適量
ゆで卵　1個
フレンチドレッシング
　(p.8「基本のフレンチドレッシング」参照)　適量

1　ソラ豆、スナップエンドウ、グリーンピース、グリーンアスパラガス、レタスをそれぞれゆでてから冷水にとり、水気をよくとる。
2　ゆで卵は白身をみじん切りにし、黄身はほぐしておく。
3　皿に**1**を盛り付け、フレンチドレッシングをかける。**2**のゆで卵を散らす。

ミックスビーンズとセロリと赤玉ねぎのサラダ

MIXED BEANS | 豆豆サラダ

そのまま使える市販のミックスビーンズやひよこ豆はとても便利。
戻す手間もなく、豆のサラダがあっという間に作れます。

ミックスビーンズといろいろきのこのサラダ

レンズ豆と黒豆とじゃがいものサラダ

ミックスビーンズと
粗挽きソーセージのサラダ

ひよこ豆とツナのヴィネグレットソース

ミックスビーンズとセロリと赤玉ねぎのサラダ

セロリと赤玉ネギとベーコンで、
味にメリハリをつけます。

材料（2、3人分）
ミックスビーンズ（ゆでたヒヨコ豆、マローファットピース、レッドキドニービーンズのミックス。市販）　160g
赤玉ネギ　15g
インゲン　4本（約20g）
セロリ　20g
ベーコン（塊）　適量
ニンニク（みじん切り）　少量
パセリ（みじん切り）　少量
塩　少量
フレンチドレッシング
（p.8「基本のフレンチドレッシング」参照）　40g

1　赤玉ネギは薄くスライスする。インゲンはゆでてから冷水にとり、2cm幅に切る。セロリは軽く筋をとり、1.5cm角に切る。ベーコンは1cm角に切り、さっと沸騰湯に通す。

2　1とミックスビーンズを合わせ塩、ニンニク、パセリを加えて下味をつけ、フレンチドレッシングを加えて合わせる。

ミックスビーンズといろいろきのこのサラダ

きのこは最初から弱火で炒めると、
水分が出てしまうので注意します。
最初に強火で炒め、両面に焼き目をつけてから、
少し火を弱めるといいでしょう。

材料（2、3人分）
ミックスビーンズ（ゆでたヒヨコ豆、マローファットピース、レッドキドニービーンズのミックス。市販）　160g
シメジ　30g
シイタケ　30g
マイタケ　40g
インゲン　5本（30g）
ニンニク（つぶす）　1片
サラダ油　適量
フレンチドレッシング
（p.8「基本のフレンチドレッシング」参照）　40g
塩、コショウ　各適量

1　フライパンにサラダ油を敷き、つぶしたニンニクを入れ、香りが出たら石づきをとったシメジ、シイタケ、マイタケを焼いて塩をふる。火が通ったらとり出して食べやすい大きさに切る。

2　インゲンはゆでてから冷水にとり、3cm長さに切る。

3　1、2、ミックスビーンズをフレンチドレッシングで和え、塩、コショウで味を調える。

ミックスビーンズと粗挽きソーセージのサラダ

豆のサラダは豆だけだと味がぼけるので、やや強めの味を合わせるといいでしょう。

材料（2、3人分）
ミックスビーンズ（ゆでたヒヨコ豆、マローファットピース、レッドキドニービーンズのミックス。市販）　160g
ニンジン　50g
セロリ　20g
粗挽きソーセージ　50g（約3本）
フレンチドレッシング
　（p.8「基本のフレンチドレッシング」参照）　40g
パセリ（みじん切り）　適量

1. ニンジンは極細のせん切りにする。セロリは軽く筋をとり、小角切りにする。
2. 粗挽きソーセージは小口切りにし、テフロン加工のフライパンで焦げ目をつけるように空焼きする。
3. 1、2、ミックスビーンズを合わせ、フレンチドレッシングとパセリを加えて和える。

レンズ豆と黒豆とじゃがいものサラダ

ディジョンマスタードで味を引き締めます。

材料（2、3人分）
レンズ豆（乾燥）　100g
黒豆（乾燥を前日から水に浸けて戻したもの）　50g
ベーコン（みじん切り）　20g
ニンジン　20g
ジャガイモ　70g
玉ネギ　少量
フレンチドレッシング
　（p.8「基本のフレンチドレッシング」参照）　40g
ディジョンマスタード　20g
イタリアンパセリ（みじん切り）　少量

1. 水に浸けて戻した黒豆を、浸けた水ごと鍋に入れて火にかけ、ゆでる。
2. レンズ豆は同量の水で戻す。戻したレンズ豆を浸けた水ごと鍋に入れ、水気を切った1の黒豆とベーコンを加えて煮る。
3. ニンジンは皮をむき、1cm角に切ってゆでる。ジャガイモは皮をむき、2cm角に切ってゆでる。玉ネギは5mm角に切る。
4. フレンチドレッシングにディジョンマスタードを混ぜ合わせ、2、3、イタリアンパセリを加えて合わせる。

ひよこ豆とツナのヴィネグレットソース

ひよこ豆は、ゆで済みのものが手に入りやすく便利です。

材料（2、3人分）
ヒヨコ豆（ガルバンゾ。ゆでたもの。市販）　120g
セロリ　25g
赤玉ネギ　20g
ツナ（油漬け缶詰）　25g
塩　適量
イタリアンパセリ（みじん切り）　適量
ヴィネグレットソース
　（p.8「基本のヴィネグレットソース」参照）　30g

1. セロリ、赤玉ネギは小角切りにして塩をし、出てきた水気をとる。
2. ヒヨコ豆、1、ツナ、イタリアンパセリとヴィネグレットソースを合わせる。

ルーコラと鰯のグリル

FISH & SEAWEED
＋青魚＋海藻のおつまみサラダ

青魚や海藻を加えて作る、酒肴的なサラダです。好みのお酒に合わせてどうぞ。

**鰯のマリネとじゃがいもと
ザワークラウトのサラダ**

**にしんのマリネとじゃがいもと
カリフラワーのサラダ**

鯵とじゃがいもとなすのサラダ

海藻ときのこのサラダ　ポン酢生姜ドレッシング

鯵とピーマンとなすのサラダ

鰯のマリネとじゃがいもと
ザワークラウトのサラダ

鰯のマリネとザワークラウトの酸味が
おいしい味つけです。

材料（2、3人分）
ジャガイモ（メークイン） 1〜2個
イワシ（小さめ。鮮度のよいもの） 1尾
ザワークラウト（市販） 20g
シイタケのピクルス（下記＊参照） 少量
塩 少量
赤ワインヴィネガードレッシング（p.43参照） 適量

＊**シイタケのピクルス**
┌ シイタケ 適量
└ ピクルス液（作りやすい量）
  ┌ 酢 100g
  ├ 水 400g
  ├ 塩 20g
  ├ コショウ 適量
  ├ ニンニク（皮をむいて縦半分に切る） 1/3片分
  ├ 赤トウガラシ 1本
  ├ ローリエ 小1枚
  ├ ディル 適量
  └ ＊酢や塩は、使うものにより量を加減する。

1 ピクルス液：ディル以外の材料を鍋に合わせて一度沸騰させ、冷めてからディルを加える。
2 シイタケを掃除し、生のまま1のピクルス液に1〜2日ほど漬ける。

1 イワシは三枚におろして塩を少量ふり、シイタケのピクルス液を少量かけて1日ほど漬ける。
2 ジャガイモは皮つきのまま蒸してから皮をむき、7〜8mm厚さ程度にスライスする。1のイワシは皮ごと一口大に切る。シイタケのピクルスは薄くスライスする。
3 皿にジャガイモを並べ、その上にザワークラウト、イワシをのせ、シイタケのピクルスを散らす。赤ワインヴィネガードレッシングをかける。

にしんのマリネとじゃがいもと
カリフラワーのサラダ

青魚はマリネにすると、臭みも消えて食べやすくなります。カリフラワーとしいたけもピクルスに。

材料（2、3人分）
ジャガイモ（メークイン） 1〜2個
ニシン（鮮度のよいもの） 1尾
カリフラワーとシイタケのピクルス（下記＊参照）
  少量
塩 少量
赤ワインヴィネガードレッシング（p.43参照） 30g
生クリーム 少量

＊**カリフラワーとシイタケのピクルス**
└ カリフラワー、シイタケ、ピクルス液（左記参照）
    各適量

カリフラワーは小房に分け、シイタケは掃除をし、生のままピクルス液に1〜2日ほど漬ける。

1 ニシンは三枚におろして塩を少量ふり、カリフラワーとシイタケのピクルス液を少量かけて1日ほど漬ける。
2 ジャガイモは皮つきのまま蒸してから皮をむき、2cm角程度に切る。1のニシンは皮つきのまま横斜めに切る。シイタケのピクルスはニシンと幅を揃えて切る。カリフラワーのピクルスは小さく切り分ける。
3 皿に2を盛って、赤ワインヴィネガードレッシングをかけ、最後に生クリームを少量かける。

ルーコラと鰯のグリル

ニースを旅していたときに出会ったサラダ。
地中海地方でお馴染みの食べ方。

材料（2人分）
イワシ（小。約50gのもの） 2尾
塩、コショウ 各適量
オリーブ油（またはサラダ油） 適量
玉ネギ（スライス） 10g
ルーコラ 適量
バルサミコ酢、E.V.オリーブ油 各適量（1：1の割合）

1 イワシはウロコをとり、内臓をとる。水気をとり塩、コショウをする。フライパンにオリーブ油（またはサラダ油）を敷き、イワシを入れて両面を焼く。
2 皿に1を盛り、玉ネギのスライスとルーコラをのせる。バルサミコ酢とE.V.オリーブ油を軽く混ぜ合わせてかける。

海藻ときのこのサラダ ポン酢生姜ドレッシング

海藻がたっぷりと食べられます。

材料（2人分）
海藻ミックス（塩蔵。市販）　適量
エノキダケ　40g
ヒラタケ　20g
レタス　100g
ポン酢生姜ドレッシング
├ ポン酢6：サラダ油4の割合
└ 生姜（すりおろし）　適量

1. 海藻ミックスは水で戻しておく。エノキダケとヒラタケはゆでて水気を切る。レタスは食べやすい大きさにちぎる。
2. ポン酢生姜ドレッシングの材料を混ぜ合わせる。
3. 器にレタスを敷き、海藻とキノコを合わせてからのせ、**2**をかける。

鯵とピーマンとなすのサラダ

素材を素揚げしてから和える、ボリュームたっぷりのサラダ。ドレッシングには、味噌やしいたけ、アサツキなどを加えて味を強めに。

材料（2、3人分）
アジ（三枚におろしたもの）　50g
ピーマン　80g
ナス　60g
パプリカ（赤・黄）　各20g
揚げ油（サラダ油）　適量
A
├ フレンチドレッシング
│　（p.8「基本のフレンチドレッシング」参照）　30g
├ 味噌（好みのもの）　10g
├ シイタケ（素揚げして粗みじん切りにする）　10g
├ アサツキ（2cm幅に切る）　2本分
└ 塩、コショウ　各適量

1. アジは三枚におろしたものを、1cm幅に切る。ピーマンは種をとり、縦に細切りにする。ナスは輪切りにする。パプリカは小角切りにする。
2. **1**をそれぞれ素揚げする。
3. **A**の材料を混ぜ合わせ、**2**とさっと和える。

鯵とじゃがいもとなすのサラダ

ゆで卵で彩りと、まろやかさをプラス。

材料（2人分）
アジ（三枚におろしたもの）　1枚
ナス　80g（1本弱）
ジャガイモ（メークイン。蒸して皮をむいたもの）　80g
ゆで卵　1/2個
イタリアンパセリ　適量
塩、コショウ　各適量
小麦粉　適量
揚げ油（サラダ油）　適量
フレンチドレッシング
　（p.8「基本のフレンチドレッシング」参照）　30g

1. アジは三枚におろしたものを、1cm幅に切る。水気をとって小麦粉をはたく。さっと油で揚げて塩をふる。
2. ナスは輪切りにして素揚げし、塩をふる。ジャガイモは蒸して皮をとり、一口大に切る。
3. ゆで卵は細かく切る。イタリアンパセリはみじん切りにする。
4. **1**、**2**とフレンチドレッシングを混ぜ合わせて皿に盛り付ける。**3**をかける。

サラダ好きのシェフが考えた
サラダ好きのための131のサラダ

初版発行　2012年8月25日
9版印刷　2023年5月20日

著者ⓒ　音羽和紀（おとわかずのり）
発行者　丸山兼一

発行所　株式会社柴田書店
　　　　東京都文京区湯島3-26-9 イヤサカビル 〒113-8477
　　　　電話　営業部 03-5816-8282（注文・問合せ）
　　　　　　　書籍編集部 03-5816-8260
　　　　URL　https://www.shibatashoten.co.jp

印刷・製本　凸版印刷株式会社

本書掲載内容の無断掲載・複写（コピー）・引用・データ配信等の行為は固く禁じます。
乱丁・落丁本はお取替えいたします。

ISBN978-4-388-06145-7
Printed in Japan